New

쉽고 빠르게 배우는

# 초스피드
# 일·본·어

다카하시 마리코 · 조문희 공저

1

YBM YBM홀딩스

초스피드
일·본·어 ❶

| 발 행 인 | 권오찬 |
| --- | --- |
| 펴 낸 곳 | 와이비엠홀딩스 |
| 저 자 | 다카하시 마리코, 조문희 |
| 기 획 | 고성희 |
| 마 케 팅 | 박천산, 고영노, 김한석, 박찬경, 김동진, 문근호 |
| 디 자 인 | 이미화 |
| 초판 1쇄 발행 | 2008년 1월 30일 |
| 개정1판 1쇄 발행 | 2015년 6월 5일 |
| 개정1판 14쇄 발행 | 2025년 4월 1일 |

서울시 종로구 종로 104
Tel (02)2000-0154 / Fax (02)2271-0172
신고일자 2012년 4월 12일
신고번호 제2012-000060호
홈페이지 www.ybmbooks.com

ISBN 978-89-6348-137-1

외국어를 공부할 때 **보통 반드시 필요한 것, 반드시 외워야 할 것, 반드시 필요한 도구**가 있어야 한다고 합니다. 첫째 반드시 필요한 것은 시간과 돈입니다. 둘째 반드시 외워야 할 것은 어휘와 문법이고, 마지막으로 반드시 필요한 도구는 좋은 교재와 좋은 선생님, 그리고 좋은 사전을 들 수 있겠습니다.

좋은 교재의 조건으로는 두껍지 않을 것, 실생활에서 사용 빈도가 높은 내용일 것, 각 과가 중요도와 난이도에 의해 배열될 것, 가르치기 쉽고 배우기 쉬울 것 등을 들 수 있겠습니다. 이에 『New 초스피드 일본어 STEP 1, 2』는 위와 같은 좋은 교재의 특성을 갖추려고 노력했습니다.

일본어 규칙이란 여기서는 초급 문형을 말하는데 각 과가 중요도와 난이도에 의해 배열되어 있어서 일본어 문형을 하나하나 쌓아서 점점 길게 말할 수 있는 언어 규칙을 습득할 수 있을 뿐만 아니라, 이러한 배열은 가르치기 쉽고 배우기 쉬운 조건이 될 것입니다. 언어 규칙은 일본어 회화를 잘하기 위해 있는 것입니다.

예를 들어 1과에서 「~は ~です」(~은 ~입니다)라는 일본어 규칙을 익히게 되는데 이것은 자기소개를 가능하게 하는 규칙인 것입니다. 『New 초스피드 일본어 STEP 1, 2』는 총 24과로 구성되어 있으므로 여러분은 24개 이상의 기능을 수행할 수 있게 될 것입니다.

**『New 초스피드 일본어 STEP 1, 2』의 특징은 다음과 같습니다.**

❶ 각 과는 '핵심 문형 · 본문 회화 · 연습문제 · 듣기 훈련 · 잠깐 휴식'으로 구성했습니다.

❷ '핵심 문형'은 각 과에서 필요한 최소한의 포인트 문형을 제시했습니다.

❸ '본문 회화'는 만화로 구성해 읽기의 지루함을 줄이면서 장면 이해를 도왔습니다.

❹ '연습문제'는 일본어 규칙 습득과 회화 연습이 가능하도록 다양화했습니다.

❺ '듣기 훈련'은 각 과의 목표를 확인함과 동시에 일본어능력시험 N5/N4 수준에서 작성되었습니다.

❻ '잠깐 휴식'에서는 커뮤니케이션에 필요한 언어 관련 문화를 제시했습니다.

❼ 그 밖에 일본어 학습에 필요한 자료들과 연습문제에 대한 정답을 부록에 넣었습니다.

이 교재를 통해 한 분이라도 더 많은 분이 일본어 회화를 즐길 수 있게 되기를 기원합니다. 감사합니다.

다카하시 마리코 · 조문희

# 이 책의 구성과 특징

**1**　『New 초스피드 일본어 STEP 1, 2』는 30년간 강단에서 일본어를 가르쳐 온 저자들의 노하우를 집약해 일본어를 쉽고 재미있게 공부할 수 있도록 만든 교재입니다. 본 교재는 1단계인 입문교재로, 일본어 문자와 발음, 기초 문법, 회화를 학습하게 됩니다.

**2**　각 과는 학습자의 이해를 높이기 위해 핵심 문형과 예문을 학습 후, 만화와 함께 자연스럽게 회화를 습득할 수 있도록 구성했고, 연습문제와 듣기 훈련을 통해 학습이 제대로 이루어졌는지 확인해 볼 수 있도록 했습니다.

**3**　부록에는 본문 회화 해석 및 연습문제 정답, 듣기 훈련 스크립트 등 유용한 부가자료를 수록해 일본어 수업에 활용할 수 있도록 했습니다.

**4**　무료 MP3 파일(www.ybmbooks.com)에는 일본어 문자와 발음, 핵심 문형, 본문 회화, 듣기 훈련이 실려 있습니다.

### 일본어 문자와 발음

#### 문자

일본어 문자인 히라가나와 가타카나를 표로 나타냈습니다. 쓰는 순서가 표기되어 있는 펜맨십(부록)으로 쓰면서 외워 봅시다.

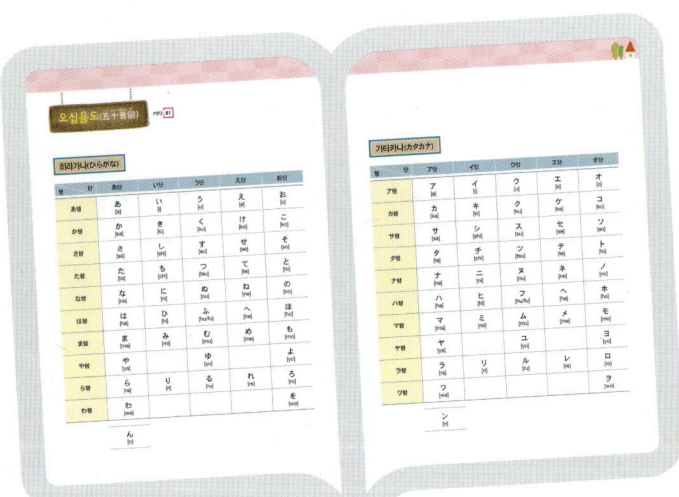

#### 발음

발음편에는 각 글자에 해당하는 단어의 예를 수록해 발음에 대한 이해를 도왔습니다.

## 핵심 문형

각 과의 핵심 문형을 주요 예문과 함께
실어 학습 능률을 배가시켰습니다.

## 새로운 단어

각 코너의 새로 나온 단어를 정리했습니다.

## 회화

쉽고 재미있는 회화문을 통해 앞에서 배운
문형을 실전에 응용할 수 있도록 했습니다.

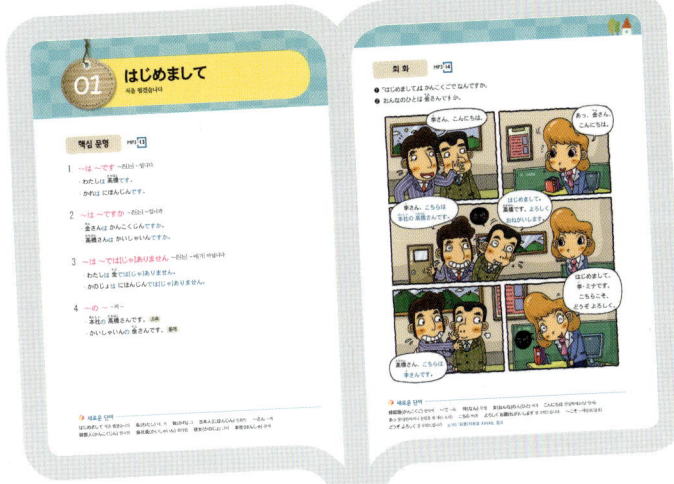

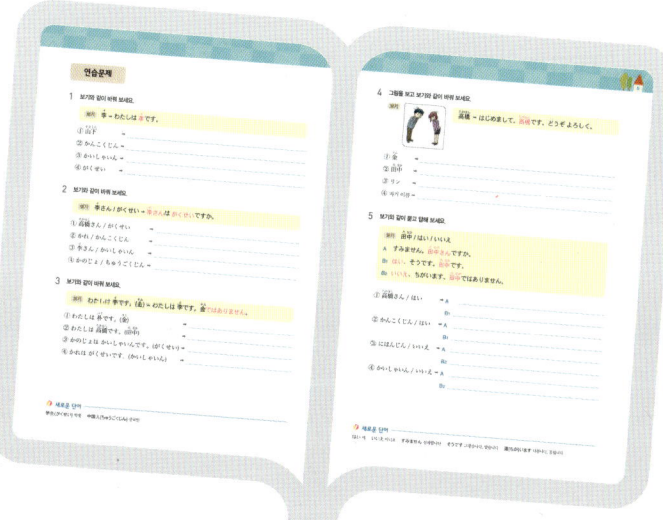

## 연습문제

다양한 유형의 연습문제를 통해 핵심 문형을
완벽히 습득할 수 있도록 했습니다.

## 듣기 훈련

각 과의 핵심 문형을 정확히 이해했는지
듣기를 통해 확인할 수 있습니다.

## 잠깐 휴식

쉬어 가는 코너로, 가볍게 읽으며
일본에 관한 상식과 어휘력을
늘릴 수 있습니다.

# 목차&핵심 문형

6

# 목차 & 핵심 문형

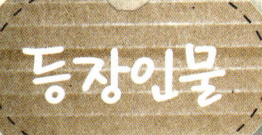

高橋卓也
たかはしたくや
다카하시 타쿠야

27세의 일본인 남성, 회사원으로 한국에 파견 근무 중

金·ヨンジン
キム
김영진

27세의 한국인 남성, 회사원

李·ミナ
이미나

26세의 한국인 여성, 김영진의 회사 동료

鈴木由美
すずきゆみ
스즈키 유미

25세의 일본인 여성, 다카하시의 회사 동료로 일본 거주

# 일본어 문자와 발음

# 오십음도(五十音図) MP3-01

## 히라가나(ひらがな)

| 행 \ 단 | あ단 | い단 | う단 | え단 | お단 |
|---|---|---|---|---|---|
| あ행 | あ<br>[a] | い<br>[i] | う<br>[u] | え<br>[e] | お<br>[o] |
| か행 | か<br>[ka] | き<br>[ki] | く<br>[ku] | け<br>[ke] | こ<br>[ko] |
| さ행 | さ<br>[sa] | し<br>[shi] | す<br>[su] | せ<br>[se] | そ<br>[so] |
| た행 | た<br>[ta] | ち<br>[chi] | つ<br>[tsu] | て<br>[te] | と<br>[to] |
| な행 | な<br>[na] | に<br>[ni] | ぬ<br>[nu] | ね<br>[ne] | の<br>[no] |
| は행 | は<br>[ha] | ひ<br>[hi] | ふ<br>[hu/fu] | へ<br>[he] | ほ<br>[ho] |
| ま행 | ま<br>[ma] | み<br>[mi] | む<br>[mu] | め<br>[me] | も<br>[mo] |
| や행 | や<br>[ya] | | ゆ<br>[yu] | | よ<br>[yo] |
| ら행 | ら<br>[ra] | り<br>[ri] | る<br>[ru] | れ<br>[re] | ろ<br>[ro] |
| わ행 | わ<br>[wa] | | | | を<br>[wo] |

ん
[n]

## 가타카나(カタカナ)

| 행＼단 | ア단 | イ단 | ウ단 | エ단 | オ단 |
|---|---|---|---|---|---|
| ア행 | ア<br>[a] | イ<br>[i] | ウ<br>[u] | エ<br>[e] | オ<br>[o] |
| カ행 | カ<br>[ka] | キ<br>[ki] | ク<br>[ku] | ケ<br>[ke] | コ<br>[ko] |
| サ행 | サ<br>[sa] | シ<br>[shi] | ス<br>[su] | セ<br>[se] | ソ<br>[so] |
| タ행 | タ<br>[ta] | チ<br>[chi] | ツ<br>[tsu] | テ<br>[te] | ト<br>[to] |
| ナ행 | ナ<br>[na] | ニ<br>[ni] | ヌ<br>[nu] | ネ<br>[ne] | ノ<br>[no] |
| ハ행 | ハ<br>[ha] | ヒ<br>[hi] | フ<br>[hu/fu] | ヘ<br>[he] | ホ<br>[ho] |
| マ행 | マ<br>[ma] | ミ<br>[mi] | ム<br>[mu] | メ<br>[me] | モ<br>[mo] |
| ヤ행 | ヤ<br>[ya] |  | ユ<br>[yu] |  | ヨ<br>[yo] |
| ラ행 | ラ<br>[ra] | リ<br>[ri] | ル<br>[ru] | レ<br>[re] | ロ<br>[ro] |
| ワ행 | ワ<br>[wa] |  |  |  | ヲ<br>[wo] |

ン
[n]

# 발음(発音)

## 히라가나(ひらがな)

### 1 청음(清音)  MP3-02

**(1) 모음(母音)**

| | | | | |
|---|---|---|---|---|
| **あ**[a] | **い**[i] | **う**[u] | **え**[e] | **お**[o] |
| あい 사랑 | いえ 집 | うえ 위 | え 그림 | お (동물의) 꼬리 |

**(2) 반모음(半母音):** 「を」 발음은 「お」와 같고, 우리말의 '~을[를]'에 해당하는 목적격 조사이다.

| | | | | |
|---|---|---|---|---|
| **や**[ya] | **ゆ**[yu] | **よ**[yo] | **わ**[wa] | **を**[wo] |
| やま 산 | ゆき (하늘의) 눈 | よう (술에) 취하다 | わに 악어 | あいを 사랑을 |

**(3) 자음(子音):** 모음과 반모음을 제외한 음을 자음이라고 한다.

| | | | | |
|---|---|---|---|---|
| **か**[ka] | **き**[ki] | **く**[ku] | **け**[ke] | **こ**[ko] |
| かき 감 | き 나무 | くも 구름 | いけ 연못 | こえ 목소리 |
| **さ**[sa] | **し**[shi] | **す**[su] | **せ**[se] | **そ**[so] |
| さけ 술 | しか 사슴 | すし 초밥 | せき 자리 | うそ 거짓말 |

| た [ta] | ち [chi] | つ [tsu] | て [te] | と [to] |
|---|---|---|---|---|
| たこ 문어 | ちち (자기) 아버지 | つき 달 | ちかてつ 지하철 | とし 도시 |

| な [na] | に [ni] | ぬ [nu] | ね [ne] | の [no] |
|---|---|---|---|---|
| なつ 여름 | おに 도깨비 | いぬ 개 | ねこ 고양이 | きのこ 버섯 |

| は [ha] | ひ [hi] | ふ [hu/fu] | へ [he] | ほ [ho] |
|---|---|---|---|---|
| はな 꽃 | ひ 불 | ふく 옷 | へそ 배꼽 | ほし 별 |

| ま [ma] | み [mi] | む [mu] | め [me] | も [mo] |
|---|---|---|---|---|
| まち 마을 | みみ 귀 | むし 벌레 | め (얼굴의) 눈 | もも 복숭아 |

| ら [ra] | り [ri] | る [ru] | れ [re] | ろ [ro] |
|---|---|---|---|---|
| さら 접시 | とり 새 | はる 봄 | れきし 역사 | いろ 색 |

## 2 탁음(濁音) MP3-03

「か、さ、た、は」행 글자에 탁점「゛」을 붙인 것으로 성대를 울려 발음하는 유성음이다.

| が [ga] | ぎ [gi] | ぐ [gu] | げ [ge] | ご [go] |
|---|---|---|---|---|
| がくせい 학생 | ぎむ 의무 | かぐ 가구 | げた 일본 나막신 | いご 바둑 |

| ざ [za] | じ [zi] | ず [zu] | ぜ [ze] | ぞ [zo] |
|---|---|---|---|---|
| ざくろ 석류 | じこ 사고 | ちず 지도 | かぜ 바람 | ぞう 코끼리 |

| だ[da] | ぢ[zi] | づ[zu] | で[de] | ど[do] |
|---|---|---|---|---|
| はだ 피부 | はなぢ 코피 | こづつみ 소포 | でぐち 출구 | どうろ 도로 |

| ば[ba] | び[bi] | ぶ[bu] | べ[be] | ぼ[bo] |
|---|---|---|---|---|
| ばら 장미 | ゆび 손가락 | ぶた 돼지 | かべ 벽 | ぼうし 모자 |

## 3 반탁음(半濁音) MP3-04

「は」행 글자에 반탁점 「°」을 붙인 것으로 「は」행에만 붙일 수 있다.

| ぱ[pa] | ぴ[pi] | ぷ[pu] | ぺ[pe] | ぽ[po] |
|---|---|---|---|---|
| ぱくり<br>덥석 | ぴかぴか<br>번쩍번쩍 | ぷりぷり<br>포동포동 | ぺこぺこ<br>배가 몹시 고픔 | ぽきぽき<br>똑똑 |

## 4 요음(拗音) MP3-05

「き、し、ち、に、ひ、み、り、ぎ、じ、び、ぴ」글자에 반모음 「ゃ、ゅ、ょ」를 붙여 표기한 것으로, 한 박자로 발음한다.

| きゃ[kya] | きゅ[kyu] | きょ[kyo] | ぎゃ[gya] | ぎゅ[gyu] | ぎょ[gyo] |
|---|---|---|---|---|---|
| きゃくしつ<br>객실 | きゅうり<br>오이 | きょり<br>거리 | ぎゃく<br>반대 | ぎゅうば<br>우마, 소와 말 | ぎょうぎ<br>예의범절 |

| しゃ[sha] | しゅ[shu] | しょ[sho] | じゃ[zya] | じゅ[zyu] | じょ[zyo] |
|---|---|---|---|---|---|
| いしゃ<br>의사 | しゅみ<br>취미 | しょうせつ<br>소설 | じゃがいも<br>감자 | じゅうしょ<br>주소 | じょうしき<br>상식 |

| ちゃ [cha] | ちゅ [chu] | ちょ [cho] | にゃ [nya] | にゅ [nyu] | にょ [nyo] |
|---|---|---|---|---|---|
| ちゃくりく 착륙 | ちゅうごく 중국 | しゃちょう 사장 | こんにゃく 곤약, 우무 | にゅうがく 입학 | にょうぼう 아내, 마누라 |

| ひゃ [hya] | ひゅ [hyu] | ひょ [hyo] | びゃ [bya] | びゅ [byu] | びょ [byo] |
|---|---|---|---|---|---|
| ひゃく 100 | ひゅうひゅう 휭휭 | ひょうか 평가 | さんびゃく 300 | びゅうびゅう 횡횡 | びょうき 병 |

| ぴゃ [pya] | ぴゅ [pyu] | ぴょ [pyo] | みゃ [mya] | みゅ [myu] | みょ [myo] |
|---|---|---|---|---|---|
| はっぴゃく 800 | ぴゅうぴゅう 횡횡 | ぴょこぴょこ 깡충깡충 | どうみゃく 동맥 | * | みょうじ 성(姓) |

| りゃ [rya] | りゅ [ryu] | りょ [ryo] |
|---|---|---|
| こうりゃく 공략 | りゅうがく 유학 | りょうり 요리 |

## 5 촉음(促音) MP3-06

「っ」은 뒤에 오는 음에 따라 [k, s, t, p]로 발음이 달라진다.

**(1) 「か」행 앞에서는 [k]로 발음된다.**
- いっかい[ikkai] 1층
- がっか[gakka] 학과

**(2) 「さ」행 앞에서는 [s]로 발음된다.**
- けっせき[kesseki] 결석
- ざっし[zasshi] 잡지

**(3) 「た」행 앞에서는 [t]로 발음된다.**
- あさって[asatte] 모레
- きって[kitte] 우표

**(4) 「ぱ」행 앞에서는 [p]로 발음된다.**
- いっぱい[ippai] 한 잔
- きっぷ[kippu] 표

## 6 장음(長音) MP3-07

「あ、い、う、え、お」단 다음에 「あ、い、う、え、お」가 올 때 앞의 발음을 두 박자로 길게 발음하는 것을 장음이라 한다.

**(1) 「あ」단 뒤에 「あ」가 올 때**

- おかあさん[oka:saɴ] 어머니
- おばあさん[oba:saɴ] 할머니

**(2) 「い」단 뒤에 「い」가 올 때**

- いいえ[i:e] 아니요
- おじいさん[ozi:saɴ] 할아버지

**(3) 「う」단 뒤에 「う」가 올 때**

- すうじ[su:zi] 숫자
- よゆう[yoyu:] 여유

**(4) 「え」단 뒤에 「え」또는 「い」가 올 때**

- おねえさん[one:saɴ] 언니, 누나
- えいが[e:ga] 영화
- せんせい[sense:] 선생(님)

**(5) 「お」단 뒤에 「お」또는 「う」가 올 때**

- とおい[to:i] 멀다
- おとうと[oto:to] (자기) 남동생
- とうきょう[to:kyo:] 도쿄

## 7 발음(撥音) MP3-08

「ん」은 우리말 받침과 같이 단어 첫머리에는 오지 않으며, 뒤에 오는 음에 따라 [m, n, ŋ, ɴ]으로 발음이 달라진다.

**(1) 「ま、ば、ぱ」행 앞에서는 [m]으로 발음된다.**

- あんま[amma] 안마
- しんぶん[simbuɴ] 신문
- かんぱい[kampai] 건배

**(2) 「さ、ざ、た、だ、な、ら」행 앞에서는 [n]으로 발음된다.**

- かんじ[kanzi] 한자
- おんな[onna] 여자
- べんり[benri] 편리

**(3) 「か、が」행 앞에서는 [ŋ]으로 발음된다.**

- さんか[saŋka] 참가
- にほんご[nihoŋgo] 일본어
- りんご[riŋgo] 사과

**(4) 모음과 「は、や、わ」행 앞, 단어 끝에서는 [ɴ]으로 발음된다.**

- れんあい[reɴai] 연애
- でんわ[deɴwa] 전화
- ほん[hoɴ] 책

# 발음(發音)

## 가타카나(カタカナ)

### 1 청음(清音) MP3-09

**(1) 모음(母音)**

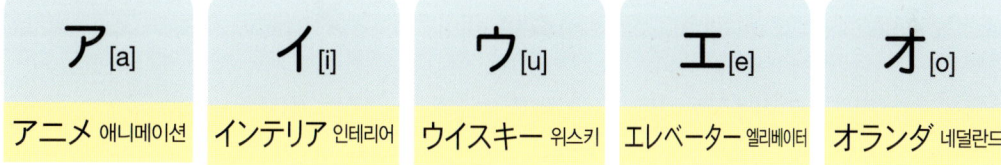

ア[a] イ[i] ウ[u] エ[e] オ[o]

| アニメ 애니메이션 | インテリア 인테리어 | ウイスキー 위스키 | エレベーター 엘리베이터 | オランダ 네덜란드 |

**(2) 반모음(半母音)**

ヤ[ya] ユ[yu] ヨ[yo] ワ[wa]

| ヤード 야드 | ユーモア 유머 | ヨーロッパ 유럽 | ワイン 와인 |

**(3) 자음(子音):** 모음과 반모음을 제외한 음을 자음이라고 한다.

カ[ka] キ[ki] ク[ku] ケ[ke] コ[ko]

| カルビ 갈비 | キムチ 김치 | クラス 수업 | ケータイ 휴대전화 | コンビニ 편의점 |

サ[sa] シ[shi] ス[su] セ[se] ソ[so]

| サイト 사이트 | シナリオ 시나리오 | スキー 스키 | センチ 센티미터 | ソウル 서울 |

| タ [ta] | チ [chi] | ツ [tsu] | テ [te] | ト [to] |
|---|---|---|---|---|
| タクシー 택시 | チケット 티켓 | ツナ 참치 | テレビ 텔레비전 | トースト 토스트 |
| ナ [na] | ニ [ni] | ヌ [nu] | ネ [ne] | ノ [no] |
| ナイフ 나이프 | ニーズ 니즈, 요구 | ヌードル 누들, 면류 | ネット 인터넷 | ノート 노트 |
| ハ [ha] | ヒ [hi] | フ [hu/fu] | ヘ [he] | ホ [ho] |
| ハネムーン 신혼여행 | ヒット 히트 | フランス 프랑스 | ヘア 헤어, 머리털 | ホテル 호텔 |
| マ [ma] | ミ [mi] | ム [mu] | メ [me] | モ [mo] |
| マフラー 머플러 | ミルク 밀크, 우유 | ムービー 영화 | メール 메일 | モニター 모니터 |
| ラ [ra] | リ [ri] | ル [ru] | レ [re] | ロ [ro] |
| ラーメン 라면 | リスト 리스트 | ルビー 루비 | レストラン 레스토랑 | ロシア 러시아 |
| ン [n] | | | | |
| ワシントン 워싱턴 | | | | |

**2 탁음(濁音)** MP3-10

「カ、サ、タ、ハ」행 글자에 탁점「゛」을 붙인 것으로 성대를 울려 발음하는 유성음이다.

| ガ [ga] | ギ [gi] | グ [gu] | ゲ [ge] | ゴ [go] |
|---|---|---|---|---|
| ガス 가스 | ギフト 선물 | グルメ 미식가 | ゲーム 게임 | ゴルフ 골프 |

| ザ [za] | ジ [zi] | ズ [zu] | ゼ [ze] | ゾ [zo] |
|---|---|---|---|---|
| ザボン 자몽 | ジム 체육관 | ズッキーニ 호박 | ゼミ 세미나 | ゾーン 존, 지역 |

| ダ [da] | ヂ [zi] | ヅ [zu] | デ [de] | ド [do] |
|---|---|---|---|---|
| ダンス 댄스, 춤 | チヂミ 지짐이 | * | デート 데이트 | ドライブ 드라이브 |

| バ [ba] | ビ [bi] | ブ [bu] | ベ [be] | ボ [bo] |
|---|---|---|---|---|
| バナナ 바나나 | ビール 맥주 | ブルー 블루, 청색 | ベッド 침대 | ボタン 단추, 버튼 |

3 반탁음(半濁音) MP3-11

「ハ」행 글자에 반탁점「°」을 붙인 것으로「ハ」행에만 붙일 수 있다.

| パ [pa] | ピ [pi] | プ [pu] | ペ [pe] | ポ [po] |
|---|---|---|---|---|
| パン 빵 | ピザ 피자 | プレゼント 선물 | ペット 애완동물 | ポケット 포켓, 주머니 |

4 요음(拗音) MP3-12

「キ、シ、チ、ニ、ヒ、ミ、リ、ギ、ジ、ビ、ピ」글자에 반모음「ャ、ュ、ョ」를 붙여 표기한 것으로, 한 박자로 발음한다.

| キャ [kya] | キュ [kyu] | キョ [kyo] | ギャ [gya] | ギュ [gyu] | ギョ [gyo] |
|---|---|---|---|---|---|
| キャンデー 캔디, 사탕 | キュート 귀여운 | キョロキョロ 두리번두리번 | ギャラリー 갤러리 | ギュッと 꽉, 단단히 | ギョーザ 만두 |

| シャ [sha] | シュ [shu] | ショ [sho] | ジャ [zya] | ジュ [zyu] | ジョ [zyo] |
|---|---|---|---|---|---|
| シャツ 셔츠 | シュガー 슈거, 설탕 | ショック 쇼크, 충격 | ジャンボ 점보 | ジュース 주스 | ジョギング 조깅 |
| チャ [cha] | チュ [chu] | チョ [cho] | ニャ [nya] | ニュ [nyu] | ニョ [nyo] |
| チャンス 기회 | チューブ 튜브 | チョーク 초크, 분필 | ニャーニャー 야옹야옹 | ニュース 뉴스 | ニョロニョロ 꿈틀꿈틀 |
| ヒャ [hya] | ヒュ [hyu] | ヒョ [hyo] | ビャ [bya] | ビュ [byu] | ビョ [byo] |
| ヒャクニチソウ 백일홍 | ヒューズ 퓨즈 | ヒョイヒョイ 깡총깡총 | ビャクレン 백목련 | ビュッフェ 뷔페 | ビョーン 뿅 |
| ピャ [pya] | ピュ [pyu] | ピョ [pyo] | ミャ [mya] | ミュ [myu] | ミョ [myo] |
| * | ピューレ 퓌레 | ピョンチャン 평창 | ミャンマー 미얀마 | ミュージック 뮤직, 음악 | ミョンドン 명동 |
| リャ [rya] | リュ [ryu] | リョ [ryo] | | | |
| リャマ 라마 | リュック 륙색 | リョクトウ 녹두 | | | |

# 본문 회화

# はじめまして

처음 뵙겠습니다

## 핵심 문형　MP3-13

**1　〜は 〜です** 〜은[는] 〜입니다

- わたしは 高橋<sup>たかはし</sup>です。
- かれは にほんじんです。

**2　〜は 〜ですか** 〜은[는] 〜입니까

- 金<sup>キム</sup>さんは かんこくじんですか。
- 高橋<sup>たかはし</sup>さんは かいしゃいんですか。

**3　〜は 〜では[じゃ]ありません** 〜은[는] 〜이[가] 아닙니다

- わたしは 金<sup>キム</sup>では[じゃ]ありません。
- かのじょは にほんじんでは[じゃ]ありません。

**4　〜の 〜** 〜의 〜

- 本社<sup>ほんしゃ</sup>の 高橋<sup>たかはし</sup>さんです。　소속
- かいしゃいんの 金<sup>キム</sup>さんです。　동격

---

🌀 **새로운 단어**

はじめまして 처음 뵙겠습니다　私(わたし) 나, 저　彼(かれ) 그　日本人(にほんじん) 일본인　〜さん 〜씨
韓国人(かんこくじん) 한국인　会社員(かいしゃいん) 회사원　彼女(かのじょ) 그녀　本社(ほんしゃ) 본사

## 회 화   MP3-14

❶ 「はじめまして」は かんこくごで なんですか。

❷ おんなのひとは 金さんですか。

李さん、こんにちは。

あっ、金さん、こんにちは。

李さん、こちらは 本社の 高橋さんです。

주벅

はじめまして。 高橋です。よろしく おねがいします。

はじめまして。 李・ミナです。 こちらこそ、 どうぞ よろしく。

高橋さん、こちらは 李さんです。

주벅

🔥 **새로운 단어** ────────

**韓国語(かんこくご)** 한국어   **〜で** ~로   **何(なん)** 무엇   **女(おんな)の人(ひと)** 여자   **こんにちは** 안녕하세요(낮 인사)
**あっ** 앗(감탄하거나 놀랐을 때 내는 소리)   **こちら** 이쪽   **よろしく お願(ねが)いします** 잘 부탁드립니다   **〜こそ** ~야말로(강조)
**どうぞ よろしく** 잘 부탁드립니다   p.115 「おまけ(주요 지시사)」 참고

## 연습문제

**1** 보기와 같이 바꿔 보세요.

> **보기** 李 → わたしは 李です。

① 山下 (やました) → _____

② かんこくじん → _____

③ かいしゃいん → _____

④ がくせい → _____

**2** 보기와 같이 바꿔 보세요.

> **보기** 李さん / がくせい → 李さんは がくせいですか。

① 高橋さん (たかはし) / がくせい → _____

② かれ / かんこくじん → _____

③ 李さん / かいしゃいん → _____

④ かのじょ / ちゅうごくじん → _____

**3** 보기와 같이 바꿔 보세요.

> **보기** わたしは 李です。(金) → わたしは 李です。金ではありません。

① わたしは 朴 (バク) です。(金 (キム)) → _____

② わたしは 高橋 (たかはし) です。(田中 (たなか)) → _____

③ かのじょは かいしゃいんです。(がくせい) → _____

④ かれは がくせいです。(かいしゃいん) → _____

🔔 **새로운 단어** —————————————————————

学生(がくせい) 학생    中国人(ちゅうごくじん) 중국인

26

**4** 그림을 보고 보기와 같이 바꿔 보세요.

보기    高橋 ➡ はじめまして。高橋です。どうぞ よろしく。

① 金      ➡ _____

② 田中    ➡ _____

③ リン    ➡ _____

④ 자기 이름 ➡ _____


**5** 보기와 같이 묻고 답해 보세요.

보기    田中 / はい / いいえ

A    すみません。田中さんですか。

B₁   はい、そうです。田中です。

B₂   いいえ、ちがいます。田中ではありません。


① 高橋さん / はい      ➡ A _____

                        B₁ _____

② かんこくじん / はい   ➡ A _____

                        B₁ _____

③ にほんじん / いいえ   ➡ A _____

                        B₂ _____

④ かいしゃいん / いいえ ➡ A _____

                        B₂ _____


💫 **새로운 단어** ─────────────────────────────

はい 예   いいえ 아니요   すみません 실례합니다   そうです 그렇습니다, 맞습니다   違(ちが)います 다릅니다, 틀립니다

1  자기소개를 하고 있습니다. 내용과 맞는 그림에 번호를 써넣으세요.

| イ<br>李・ミナ | キム<br>金・ヨンジン | すずき<br>鈴木 | たかはし<br>高橋 |
|---|---|---|---|
| ( 보기 ) | ( ) | ( ) | ( ) |

2  내용을 잘 듣고 알맞은 말을 찾아 선으로 연결하세요.

보기  たなか<br>田中  •

① イ<br>李  •

② すずき<br>鈴木  •

③ やました<br>山下  •

• ⓐ かんこくじん

• ⓑ せんせい<br>先生

• ⓒ がくせい

• ⓓ かいしゃいん

🌀 **새로운 단어** ────────────────────

大学(だいがく) 대학    先生(せんせい) 선생(님)

## ＊ あいさつの いろいろ ① | 여러 가지 인사말 ❶ |

**1** 아침 인사

**2** 낮 인사

**3** 저녁 인사

**4** 잠자리 인사

**5** 헤어질 때

# これは 何<sup>なん</sup>ですか

이것은 무엇입니까

## 핵심 문형 MP3-16

**1 ～は ～です(か)** ～은[는] ～입니다 / 입니까

- これは ケータイです。
- それは おにぎりです。
- あれは きものです。
- 金<sup>キム</sup>さんの ケータイは どれですか。

    これです。

**2 ～は ～の ～です(か)** ～은[는] ～의 ～입니다 / 입니까
  **～は ～のです(か)** ～은[는] ～의 것입니다 / 것입니까

- これは だれの くるまですか。

    それは 父<sup>ちち</sup>の くるまです。

    それは 父<sup>ちち</sup>のです。

- あれは だれの ケータイですか。

    あれは わたしの ケータイです。

    あれは わたしのです。

- それは だれの カメラですか。

    これは せんぱいの カメラです。

    これは せんぱいのです。

**3 ～は ～ですか、～ですか** ～은[는] ～입니까, ～입니까

- これは 本<sup>ほん</sup>ですか、ノートですか。

    それは ノートです。

### 🔥 새로운 단어

これ 이것　ケータイ 휴대전화(「携帯電話(けいたいでんわ)」의 준말)　それ 그것　おにぎり 주먹밥　あれ 저것
着物(きもの) 기모노(일본의 전통 의상)　どれ 어느 것　誰(だれ) 누구　車(くるま) 자동차　父(ちち) (자기) 아버지　カメラ 카메라
先輩(せんぱい) 선배　本(ほん) 책　ノート 노트　p.115「おまけ(주요 지시사)」참고

## 회 화  MP3-17

❶ くるまは だれのですか。
❷ 日本[にほん]の くるまですか。

金[キム]さん、これは あなたの くるま ですか。

いいえ、わたしの じゃありません。

じゃ、 だれのですか。

父[ちち]のです。

韓国[かんこく]の くるまですか。

ええ、 YBM[ワイビーエム]のです。

金[キム]さん、これは 何[なん]ですか。

えっ、 どれですか。

これです、これ。

ああ、それ。 それは カーナビです。

🔥 **새로운 단어**

日本(にほん) 일본　　あなた 당신　　じゃ 그럼　　韓国(かんこく) 한국　　ええ 네 (「はい」(예)보다 좀 더 부드러운 표현)
えっ 네? (놀라거나 의아해할 때 내는 소리)　　ああ 아~(감탄사)　　カーナビ 카 내비게이션　　p.116 「おまけ(의문사)」 참고

## 연습문제

**1** 보기와 같이 바꿔 보세요.

> 보기  これ / かばん ➡ これは かばんです。

① これ / え　　　　➡ _____

② それ / すきやき ➡ _____

③ あれ / つくえ　➡ _____

**2** 그림을 보고 보기와 같이 답해 보세요.

| 보기 | ① | ② | ③ |
|---|---|---|---|
|  |  |  |  |

> 보기  A これは えですか、しゃしんですか。(しゃしん)
>
> B それは しゃしんです。

① A これは ケータイですか、電話ですか。(ケータイ)

  B _____

② A それは すきやきですか、キムチチゲですか。(キムチチゲ)

  B _____

③ A あれは おすしですか、おにぎりですか。(おにぎり)

  B _____

🎵 **새로운 단어** ─────────────────────────────

かばん 가방　　絵(え) 그림　　机(つくえ) 책상　　写真(しゃしん) 사진　　電話(でんわ) 전화　　キムチチゲ 김치찌개　　寿司(すし) 초밥

**3** 그림을 보고 보기와 같이 묻고 답해 보세요.

보기

これ / すきやき

A （ これ ）は 何<sup>なん</sup>ですか。

B それですか。それは （ すきやき ） です。

A えっ、（ すきやき ）(?)。

B はい、日本<sup>にほん</sup>の たべものです。

①

それ / きもの

A （　　　　　）は 何<sup>なん</sup>ですか。

B これですか。これは （　　　　　）です。

A えっ、（　　　　　）(?)。

B はい、日本<sup>にほん</sup>の 民族衣装<sup>みんぞくいしょう</sup>です。

②

あれ / れいめん

A （　　　　　）は 何<sup>なん</sup>ですか。

B あれですか。あれは （　　　　　）です。

A えっ、（　　　　　）(?)。

B はい、韓国<sup>かんこく</sup>の たべものです。

**4** 보기와 같이 답해 보세요.

보기　A　これは だれの かばんですか。(金<sup>キム</sup>)

　　　B　それは 金<sup>キム</sup>さんの かばんです。/ それは 金<sup>キム</sup>さんのです。

① A これは だれの しゃしんですか。(ともだち)

　 B _____

② A それは だれの ノートパソコンですか。(せんぱい)

　 B _____

③ A あれは だれの ケータイですか。(わたし)

　 B _____

🔥 **새로운 단어**

食(た)べ物(もの) 음식　　民族衣装(みんぞくいしょう) 민족의상　　冷(れい)めん 냉면　　友(とも)だち 친구　　ノートパソコン 노트북 컴퓨터

1 내용을 잘 듣고 내용과 맞는 그림에 번호를 써넣으세요.

2 내용을 잘 듣고 내용과 맞으면 ○, 틀리면 ✕를 써넣으세요.

보기   ①   ②

보기  これは ノートです。（ ✕ ）

① これは 日本(にほん)の カメラじゃありません。（　　）
② くるまは 山下(やました)さんのです。（　　）

🔥 **새로운 단어**

黒板(こくばん) 칠판　黒板消(こくばんけ)し 칠판지우개　テレビ 텔레비전, TV

## ★ 教室の 中に ある ものの 名前 | 교실 안에 있는 사물의 이름 |

時計
시계

スクリーン
스크린

黒板
칠판

チョーク
초크, 분필

黒板消し
칠판지우개

紙コップ
종이컵

傘
우산

ゴミ
쓰레기

ゴミ箱
쓰레기통

電気スイッチ
전기스위치

プロジェクター
프로젝터

本
책

ボールペン
볼펜

消しゴム
지우개

筆箱
필통

鉛筆
연필

いす
의자

ノート
노트

かばん
가방

コンピューター / パソコン
(퍼스널) 컴퓨터

教卓
교탁

机
책상

シャープペンシル / シャーペン
샤프

## 03 いくらですか

얼마입니까

**핵심 문형**　MP3-19

**1　～は ～です** ~은[는] ~입니다

- これは ボールペンです。
- ピザは 18,000ウォンです。
<sub>いちまんはっせん</sub>

**2　～を ください** ~을[를] 주세요

- ホットコーヒーを ください。
- ハンバーガーと コーラを ください。

**3　～は ～で、～は ～です** ~은[는] ~(이)고, ~은[는] ~입니다

- ツナは 800ウォンで、キムチは 700ウォンです。
<sub>はっぴゃく</sub> <sub>ななひゃく</sub>
- かばんは 40,000円で、サイフは 15,000円です。
<sub>よんまん えん</sub> <sub>いちまんごせんえん</sub>

---

🔹 **새로운 단어**

いくら 얼마　ボールペン 볼펜　ピザ 피자　18,000(いちまんはっせん)ウォン 18,000원　ホットコーヒー 뜨거운 커피
ハンバーガー 햄버거　～と ~와[과]　コーラ 콜라　ツナ 참치　800(はっぴゃく)ウォン 800원　キムチ 김치
700(ななひゃく)ウォン 700원　かばん 가방　40,000円(よんまんえん) 40,000엔　財布(さいふ) 지갑
15,000円(いちまんごせんえん) 15,000엔　p.110 「숫자읽기」참고

## 회화   MP3-20

❶ おにぎりの なかみは 何<sup>なん</sup>ですか。

❷ おにぎりは ぜんぶで いくつですか。

いらっしゃいませ。

すみません。これは おにぎりですか。

はい、そうです。

なかみは 何<sup>なん</sup>ですか。

ツナです。

これも ツナですか。

いいえ、それは キムチです。

ツナは 800<sup>はっぴゃく</sup>ウォンで、 キムチは 700<sup>ななひゃく</sup>ウォンです。

いくらですか。

じゃあ、ツナを ふたつ、キムチを ひとつ ください。

ツナを ふたつ、 キムチを ひとつですね。 ぜんぶで 2,300<sup>にせんさんびゃく</sup>ウォンです。 ありがとうございます。

---

### 새로운 단어

中身(なかみ) 속에 든 것, 내용물   全部(ぜんぶ)で 전부해서   いくつ 몇 개   いらっしゃいませ 어서 오세요   ～も ～도   じゃあ 그럼
二(ふた)つ 두 개   一(ひと)つ 한 개   ください 주십시오   ～ね ～이지(요)(확인의 의미를 나타냄)
2,300(にせんさんびゃく)ウォン 2,300원   ありがとうございます 감사합니다   p.104「조수사1(고유수)」참고

# 연습문제

**1** 그림을 보고 보기와 같이 묻고 답해 보세요.

| 보기 | ① | ② | ③ | ④ |
|---|---|---|---|---|
| りんご | バナナ | ハンバーガー | Tシャツ | マフラー |
| 300円 | 600円 | 280円 | 3,800円 | 5,000円 |

보기   A りんごは いくらですか。   B さんびゃく円です。

**2** 그림을 보고 보기와 같이 답해 보세요.

| 보기 | | | |
|---|---|---|---|
| ぬいぐるみ | ぼうし | コップ | だんご |
| ひとつ | ① ( ) | みっつ | よっつ |
| りんご | アイスクリーム | ケーキ | みかん |
| ② ( ) | むっつ | ③ ( ) | やっつ |
| キャンデー | クリップ | ボタン | クッキー |
| ④ ( ) | とお | じゅういち | ⑤ ( ) |

## 🔥 새로운 단어

りんご 사과   バナナ 바나나   T(ティー)シャツ 티셔츠   マフラー 머플러   ぬいぐるみ 봉제인형   **帽子(ぼうし)** 모자   コップ 컵
三(みっ)つ 세 개   団子(だんご) 경단   四(よっ)つ 네 개   アイスクリーム 아이스크림   六(むっ)つ 여섯 개   ケーキ 케이크
みかん 귤   八(やっ)つ 여덟 개   キャンデー 캔디, 사탕   クリップ 클립   十(とお) 열 개   ボタン 버튼, 단추   十一(じゅういち) 열하나
クッキー 쿠키

**3** 보기와 같이 바꿔 보세요.

> 보기　これは ボールペンです。あれは えんぴつです。
>
> → これは ボールペンで、あれは えんぴつです。

① これは ホットコーヒーです。それは アイスコーヒーです。

　→ _____

② アイスクリームは 1,800ウォンです。ケーキは 23,000ウォンです。
　　　　　　　　　　　せんはっぴゃく　　　　　　　　　にまんさんぜん

　→ _____

③ こちらは 山下さんです。そちらは 金さんです。
　　　　　　やました　　　　　　　キム

　→ _____


**4** 자연스러운 대화가 이루어지도록 순서대로 나열해 보세요.

> ② ハンバーガーを ふたつ ください。
>
> ① いくらですか。　　　　③ いらっしゃいませ。
>
> ④ ありがとうございます。
>
> ⑤ ハンバーガー ふたつですね。500円です。
> 　　　　　　　　　　　　　　　　ごひゃくえん

( ③ ) → ( 　 ) → ( 　 ) → ( 　 ) → ( 　 )


🌀 **새로운 단어**

鉛筆(えんぴつ) 연필　アイスコーヒー 아이스커피　1,800(せんはっぴゃく)ウォン 1,800원　23,000(にまんさんぜん)ウォン 23,000원
そちら 그쪽　500円(ごひゃくえん) 500엔　**p.115「おまけ(주요 지시사)」참고**

1　내용을 잘 듣고 보기와 같이 아라비아 숫자를 써넣으세요.

> 보기　（　912　）円<sup>えん</sup>です。

①（　　　　）円<sup>えん</sup>です。
②（　　　　）円<sup>えん</sup>です。
③（　　　　）円<sup>えん</sup>です。
④（　　　　）円<sup>えん</sup>です。

2　내용을 잘 듣고 질문에 맞는 답을 찾으세요.

(1)

남자는 케이크를 몇 개 삽니까?

① ひとつ　　② ふたつ　　③ みっつ　　④ よっつ

(2)

여자는 얼마를 지불해야 합니까?

① 2,000円<sup>えん</sup>　　② 300円<sup>えん</sup>　　③ 600円<sup>えん</sup>　　④ 2,300円<sup>えん</sup>

---

💧 새로운 단어

912円(きゅうひゃくじゅうにえん) 912엔　　350円(さんびゃくごじゅうえん) 350엔　　p.106 「조수사3(円(엔))」 참고

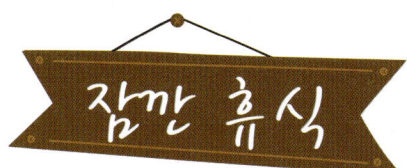

## * あいさつの いろいろ ② | 여러 가지 인사말 ❷ |

**6** 외출할 때

> いってきます.
> 다녀오겠습니다.

> いっていらっしゃい.
> 다녀오너라.

**7** 귀가할 때

> ただいま.
> 다녀왔습니다.

> おかえり(なさい).
> 잘 다녀왔니.

**8** 식사할 때

> いただきます.
> 잘 먹겠습니다.

> ごちそうさまでした.
> 잘 먹었습니다.

**9** 감사표현

> (どうも)ありがとう
> ございます.
> (대단히) 감사합니다.

> どういたしまして.
> 천만에요.

**10** 사과표현

> だいじょうぶです.
> 괜찮습니다.

> ごめんなさい. /
> すみません.
> 죄송합니다.

**11** 남의 집을 방문했을 때

> どうぞ.
> 들어오세요.

> おじゃまします.
> 실례합니다.

# 04 きれいな 人ですね

예쁜 사람이네요

**핵심 문형**  MP3-22

1 **な형용사의 어간+です** ~(합)니다
   - 歌が 上手です。
   - サッカーが 好きです。

2 **な형용사의 어간+では[じゃ]ありません** ~(하)지 않습니다
   - ゴルフは 上手では[じゃ]ありません。
   - スキーは 好きでは[じゃ]ありません。

3 **な형용사의 어간+な+명사** ~한 ~
   - きれいな 人です。
   - 好きな 食べ物です。

---

🔥 **새로운 단어**

きれいだ 예쁘다   人(ひと) 사람   歌(うた) 노래   ~が 上手(じょうず)だ ~을[를] 잘하다   サッカー 축구
~が 好(す)きだ ~을[를] 좋아하다   ゴルフ 골프   スキー 스키   p.113 「주요 기본 어휘1(な형용사)」 참고

## 회화　MP3-23

❶ 李さんは どんな 人ですか。
❷ 金さんは どんな 人が 好きですか。

金さん、李さんは きれいな 人ですね。

ええ、それに とても 親切です。

いいえ、恋人じゃありません。友だちです。

金さんの 恋人ですか。

へえ～、ほんとうですか。

ほんとうですよ。うそじゃありませんよ。

あはは。ところで、金さんは どんな 人が 好きですか。

う～ん、料理が 上手な 人ですね。

李さんは 料理が 上手じゃありませんか。

上手じゃありません。下手ですよ。

### 🔥 새로운 단어

どんな 어떤　それに 게다가　とても 매우, 아주　親切(しんせつ)だ 친절하다　恋人(こいびと) 애인
へえ 어(놀라거나 의아해할 때 내는 소리)　本当(ほんとう)だ 정말이다　～よ ~요(상대에게 알리는 의미를 나타냄)　嘘(うそ) 거짓말
あはは 아하하(아무래도 수상쩍다는 듯이 입을 벌려 밝게 웃는 소리)　ところで 그런데　う～ん 음―　料理(りょうり) 요리
～ね ~네요(가벼운 주장)　下手(へた)だ 잘 못하다, 서투르다

## 연습문제

**1** 보기와 같이 바꿔 보세요.

보기

この まち・しずかだ / この まち・にぎやかだ

➡ この まちは しずかです。

➡ この まちは にぎやかです。

①

かれ・ハンサムだ / かのじょ・きれいだ

➡ _____

➡ _____

②

バナナ・好<ruby>す</ruby>きだ / にんじん・きらいだ

➡ _____

➡ _____

③

テニス・上手<ruby>じょうず</ruby>だ / ゴルフ・下手<ruby>へた</ruby>だ

➡ _____

➡ _____

④

料理<ruby>りょうり</ruby>・得意<ruby>とくい</ruby>だ / スポーツ・苦手<ruby>にがて</ruby>だ

➡ _____

➡ _____

🔥 **새로운 단어** ──────────────────────────────

この 이   街(まち) 거리   静(しず)かだ 조용하다   にぎやかだ 번화하다, 북적이다   ハンサムだ 핸섬하다   にんじん 당근
嫌(きら)いだ 싫어하다   テニス 테니스   得意(とくい)だ 자신 있다   スポーツ 스포츠   苦手(にがて)だ 서투르다

**2** 보기와 같이 바꿔 보세요.

> 보기  この / へや / しずかだ ➡ この へやは しずかな へやです。

① この / きかい / べんりだ ➡ _____
② その / 料理(りょうり) / 得意(とくい)だ ➡ _____
③ あの / まち / にぎやかだ ➡ _____

**3** 보기와 같이 바꿔 보세요.

> 보기  あの まち / しずかだ / にぎやかだ
>
> ➡ あの まちは しずかでは[じゃ]ありません。にぎやかです。

① ゴルフ / 上手(じょうず)だ / 下手(へた)だ

➡ _____

② 魚(さかな) / 好(す)きだ / きらいだ

➡ _____

**4** 보기와 같이 답해 보세요.

> 보기  A 金(キム)さんは どんな 人(ひと)ですか。(まじめだ)
>
> B まじめな 人(ひと)です。

① A 高橋(たかはし)さんの へやは どんな へやですか。(きれいだ)

B _____
② A あの 歌手(かしゅ)は どんな 歌手(かしゅ)ですか。(有名(ゆうめい)だ)

B _____
③ A 李(イ)さんは どんな 人(ひと)ですか。(親切(しんせつ)だ)

B _____

🌱 **새로운 단어** ─────────────────────────────────

部屋(へや) 방　機械(きかい) 기계　便利(べんり)だ 편리하다　その 그　あの 저　魚(さかな) 생선
まじめだ 성실하다　きれいだ 깨끗하다　歌手(かしゅ) 가수　有名(ゆうめい)だ 유명하다　p.115, 116「おまけ(주요 지시사, 의문사)」참고

## 듣기 훈련

1 내용을 잘 듣고 내용과 맞는 그림을 고르세요.

보기

バナナ( ✓ )　　みかん(　)　　いちご(　)　　すいか(　)

① すきやき(　)　カルビ(　)　ステーキ(　)　れいめん(　)

② ビール(　)　ウイスキー(　)　しょうちゅう(　)　日本酒(　)

③ はる(　)　　なつ(　)　　あき(　)　　ふゆ(　)

2 내용을 잘 듣고 내용과 맞는 그림을 고르세요.

① a (　)　　b (　)　　② a (　)　　b (　)

---

🔥 새로운 단어 ────────────────────────────

果物(くだもの) 과일　いちご 딸기　すいか 수박　カルビ 갈비　ステーキ 스테이크　お酒(さけ) 술　ビール 맥주
ウイスキー 위스키　焼酎(しょうちゅう) 소주　日本酒(にほんしゅ) 일본술, 특히 청주를 이르는 경우가 많음　季節(きせつ) 계절
春(はる) 봄　夏(なつ) 여름　秋(あき) 가을　冬(ふゆ) 겨울　スパゲッティ 스파게티

## ★ 韓国人の 好きな 日本の 食べ物 | 한국인이 좋아하는 일본 음식 |

**うどん**
우동

**ラーメン**
라면

**そば**
메밀국수

**すし**
초밥

**さしみ**
회

**牛どん**
쇠고기덮밥

**天どん**
튀김덮밥

**とんカツ**
돈가스

**天ぷら**
튀김

**おこのみやき**
오코노미야키

**たこやき**
다코야키

**やきとり**
꼬치구이

# そちらの 生活は どうですか

그쪽 생활은 어떻습니까

## 핵심 문형　MP3-25

**1　い형용사의 기본형+です** ~(습)니다

- ソウルの 生活は どうですか。
　楽しいです。
- みなさんは どうですか。
　いいです。
- 食事は どうですか。
　おいしいです。

**2　い형용사의 어간+くありません[くないです]** ~지 않습니다

- さびしいですか。
　いいえ、さびしくありません[さびしくないです]。
- 辛いですか。
　いいえ、辛くありません[辛くないです]。
- やすいですか。
　いいえ、やすくありません[やすくないです]。

**3　い형용사의 기본형+명사** ~한 ~

- 鈴木さんは ┃ 大きい ┃ 人です。
　　　　　　┃ おもしろい ┃
　　　　　　┃ いい ┃

---

### 🔔 새로운 단어

ソウル 서울　生活(せいかつ) 생활　どうだ 어떻다　楽(たの)しい 즐겁다　みなさん 여러분　いい 좋다　食事(しょくじ) 식사
おいしい 맛있다　寂(さび)しい 쓸쓸하다, 외롭다　辛(から)い 맵다　安(やす)い 싸다　大(おお)きい 크다　おもしろい 재미있다
p.112 「주요 기본 어휘1(い형용사)」 참고

❶ これは だれからの メールですか。

❷ こちらの みんなは どうですか。

は〜い。高橋さん、お元気ですか。 *^^*

こちらは みんな 元気です。

ところで、そちらの 生活は どうですか。楽しいですか。

ソウルの みなさんは どうですか。

ひとりで さびしくありませんか。

食事は どうですか。

おいしいですか。

キムチは 辛くありませんか。

ソウルは どんな ところですか。

にぎやかな 町ですか。

ひまな とき、メール ください。

本社　鈴木由美

## 새로운 단어

は〜い 안녕, Hi　元気(げんき)だ 건강하다, 잘 지내다　みんな 모두　一人(ひとり)で 혼자서　所(ところ) 곳, 장소
町(まち) 도회, 도시　暇(ひま)だ 한가하다　時(とき) 때　メール 메일

**1** 그림을 보고 보기와 같이 바꿔 보세요.

보기

ぞう / 大<sub>おお</sub>きい

➡ ぞうは 大<sub>おお</sub>きいです。

①

りょこう / 楽<sub>たの</sub>しい

➡ _____

②

とうがらし / 辛<sub>から</sub>い

➡ _____

③

ぶっか / たかい

➡ _____

④

コンピューターゲーム / おもしろい

➡ _____

⑤

そら / あおい

➡ _____

🌀 **새로운 단어**

象(ぞう) 코끼리　旅行(りょこう) 여행　とうがらし 고추　物価(ぶっか) 물가　高(たか)い 비싸다　コンピューターゲーム 컴퓨터 게임
空(そら) 하늘　青(あお)い 파랗다, 푸르다

**2** 보기와 같이 바꿔 보세요.

> 보기 あたらしい / くつ / いたい ➡ あたらしい くつは いたいです。

① うすい / セーター / さむい ➡ _____

② ひろい / へや / いい ➡ _____

③ ながい / 文(ぶん) / むずかしい ➡ _____

④ あおい / みかん / すっぱい ➡ _____

**3** 보기와 같이 답해 보세요.

> 보기 A 日本語(に ほん ご)は むずかしいですか。(やさしい)
>
> B₁ いいえ、むずかしくありません。やさしいです。
>
> B₂ いいえ、むずかしくないです。やさしいです。

① A その 料理(りょうり)は あまいですか。(辛(から)い)

B₁ _____

B₂ _____

② A 田中(た なか)さんの かばんは 大(おお)きいですか。(小(ちい)さい)

B₁ _____

B₂ _____

③ A うちは 会社(かいしゃ)から 近(ちか)いですか。(遠(とお)い)

B₁ _____

B₂ _____

④ A ソウルの ぶっかは やすいですか。(たかい)

B₁ _____

B₂ _____

⑤ A その えいがは つまらないですか。(おもしろい)

B₁ _____

B₂ _____

---

🌀 **새로운 단어** ────────────────

新(あたら)しい 새롭다　　靴(くつ) 구두, 신발　　痛(いた)い 아프다　　薄(うす)い 얇다　　セーター 스웨터　　寒(さむ)い 춥다
広(ひろ)い 넓다　　長(なが)い 길다　　文(ぶん) 글, 문장　　難(むずか)しい 어렵다　　すっぱい 시다　　易(やさ)しい 쉽다　　甘(あま)い 달다
小(ちい)さい 작다　　家(うち) 집　　会社(かいしゃ) 회사　　近(ちか)い 가깝다　　遠(とお)い 멀다　　映画(えいが) 영화
つまらない 재미없다

**1** 내용을 잘 듣고 내용과 맞는 그림에 번호를 써넣으세요.

( 보기 )　　　( 　 )　　　( 　 )

( 　 )　　　( 　 )

**2** 내용을 잘 듣고 내용과 맞으면 ○, 틀리면 ×를 써넣으세요.

보기　　　①　　　②

( ○ )　　　( 　 )　　　( 　 )

🌀 **새로운 단어**

重(おも)い 무겁다　　軽(かる)い 가볍다　　汚(きたな)い 더럽다, 지저분하다　　狭(せま)い 좁다

## ★ 日本人の 姓 | 일본인의 성(姓) |

<small>にほんじん　せい</small>

　한국인의 성이 약 250개인데 비해 일본인의 성은 약 13만 2천여 개나 된다고 합니다. 그리고 읽는 법도 다양해서 공식적인 문서나 명함에는 히라가나나 로마자로 읽는 법을 표기하도록 하고 있습니다.

　또한 일본의 가족은 모두 성(姓)이 같습니다. 각 가정에서 부부가 정해서 남편 혹은 부인의 성으로 통일하게 되어 있기 때문인데요, 보통 부인이 남편의 성을 따르게 됩니다. 그래서 결혼이나 이혼 등으로 성이 헷갈리게 되는 경우가 종종 있습니다.

　여러분은 일본인의 성(姓)하면 어떤 것이 가장 먼저 떠오르나요? 다음은 일본인의 성씨 랭킹 1위부터 10위까지입니다. 아래의 성(姓) 정도는 뭐라고 읽는지 알아 두는 편이 좋겠죠? ^^

| 순위 | 성(姓) |
|:---:|:---|
| 1 | 佐藤(さとう) |
| 2 | 鈴木(すずき) |
| 3 | 高橋(たかはし) |
| 4 | 田中(たなか) |
| 5 | 渡辺(わたなべ) |
| 6 | 伊藤(いとう) |
| 7 | 山本(やまもと) |
| 8 | 中村(なかむら) |
| 9 | 小林(こばやし) |
| 10 | 加藤(かとう) |

# 06 どちらが 好きですか

어느 쪽을 좋아합니까

**1** 〜と 〜と どちらが 〜ですか　〜와[과] 〜중에서 어느 쪽[것]이 〜(합)니까

- すき焼きと しゃぶしゃぶと どちらが おいしいですか。

　　しゃぶしゃぶの 方が おいしいです。
- 肉と 魚と どちらが 好きですか。

　　どちらも 好きです。

**2** 〜の 中で 〜が 一番 〜ですか　〜중에서 〜이[가] 가장 〜(합)니까

- 肉の 中で 何が 一番 好きですか。

　　牛肉が 一番 好きです。
- 春と 夏と 秋と 冬の 中で いつが 一番 好きですか。

　　夏が 一番 好きです。

 **새로운 단어**

どちら 어느 쪽[것]　しゃぶしゃぶ 샤브샤브　方(ほう) 쪽, 편　肉(にく) 고기　何(なに) 무엇　牛肉(ぎゅうにく) 쇠고기　いつ 언제

p.116「おまけ (의문사)」 참고

❶ 李さんは 肉と 魚と どちらが 好きですか。
❷ 高橋さんは 肉の 中で 何が 一番 好きですか。

---

高橋さん、肉と 魚と どちらが 好きですか。

どちらも 好きですよ。李さんは。

う～ん、やはり 牛肉ですね。高橋さんは どうですか。

わたしは 肉の 方が 好きです。

そうですか。韓国は 肉料理が おいしいですからね。肉の 中では 何が 一番 好きですか。

わたしも 牛肉です。とくに 味付けカルビが 好きです。

日本人は どんな 肉料理が 好きですか。

そうですね。すき焼きや しゃぶしゃぶですね。でも、日本でも 韓国式の カルビが 大人気ですよ。

원조갈비

---

💧 **새로운 단어** ───

～から ～(이)니까　やはり 역시　特(とく)に 특히　味付(あじつ)けカルビ 양념갈비　～や ～랑　でも 그렇지만　～でも ～(에)서도
韓国式(かんこくしき) 한국식　大人気(だいにんき) 대인기

**1**  그림을 보고 보기와 같이 답해 보세요.

보기

A ビールと ワインと どちらが 好<sup>す</sup>きですか。(ビール)

B ビールの 方<sup>ほう</sup>が 好<sup>す</sup>きです。

①  ②  ③  ④

① **A** メロンと みかんと どちらが 大<sup>おお</sup>きいですか。(メロン)

   **B** _____

② **A** 英語<sup>えいご</sup>と 日本語<sup>にほんご</sup>と どちらが 難<sup>むずか</sup>しいですか。(英語<sup>えいご</sup>)

   **B** _____

③ **A** ロシアと 韓国<sup>かんこく</sup>と どちらが 寒<sup>さむ</sup>いですか。(ロシア)

   **B** _____

④ **A** ひらがなと カタカナと どちらが 簡単<sup>かんたん</sup>ですか。(ひらがな)

   **B** _____

🎵 **새로운 단어** ─────────────────────────────────

ワイン 와인   メロン 멜론   **英語(えいご)** 영어   ロシア 러시아   ひらがな 히라가나   **カタカナ** 가타카나

**簡単(かんたん)だ** 간단하다, 쉽다

**2** 보기와 같이 (     ) 안에 알맞은 말을 골라 넣고 질문에 답해 보세요.

| どれ | 何<sup>なに</sup> | どこ | いつ |

보기 A ビールと ウイスキーと 焼酎<sup>しょうちゅう</sup>の 中<sup>なか</sup>で ( どれ )が 一番<sup>いちばん</sup> 好<sup>す</sup>きですか。
　　 B ビールが 一番<sup>いちばん</sup> 好<sup>す</sup>きです。

① A タクシーと バスと 飛行機<sup>ひこうき</sup>の 中<sup>なか</sup>で (     )が 一番<sup>いちばん</sup> 速<sup>はや</sup>いですか。

　 B _____

② A 春<sup>はる</sup>と 夏<sup>なつ</sup>と 秋<sup>あき</sup>と 冬<sup>ふゆ</sup>の 中<sup>なか</sup>で (     )が 一番<sup>いちばん</sup> 好<sup>す</sup>きですか。

　 B _____

③ A プサンと ソウルと 濟州道<sup>チェジュド</sup>の 中<sup>なか</sup>で (     )が 一番<sup>いちばん</sup> 暖<sup>あたた</sup>かいですか。

　 B _____

④ A 果物<sup>くだもの</sup>の 中<sup>なか</sup>で (     )が 一番<sup>いちばん</sup> 好<sup>す</sup>きですか。

　 B (りんご、バナナ、いちご、すいか、みかん、メロン)

⑤ A スポーツの 中<sup>なか</sup>で (     )が 一番<sup>いちばん</sup> 上手<sup>じょうず</sup>ですか。

　 B (テニス、野球<sup>やきゅう</sup>、水泳<sup>すいえい</sup>、サッカー、バスケットボール)

---

 **새로운 단어** ─────────────────────────────

どこ 어디　タクシー 택시　バス 버스　飛行機(ひこうき) 비행기　速(はや)い 빠르다　釜山(プサン) 부산　濟州道(チェジュド) 제주도
暖(あたた)かい 따뜻하다　テニス 테니스　野球(やきゅう) 야구　水泳(すいえい) 수영　バスケットボール 농구
p.116 「おまけ(의문사)」 참고

1　각 나라별 실업률을 나타내는 그래프입니다. 내용을 잘 듣고 어느 나라인지 고르세요.

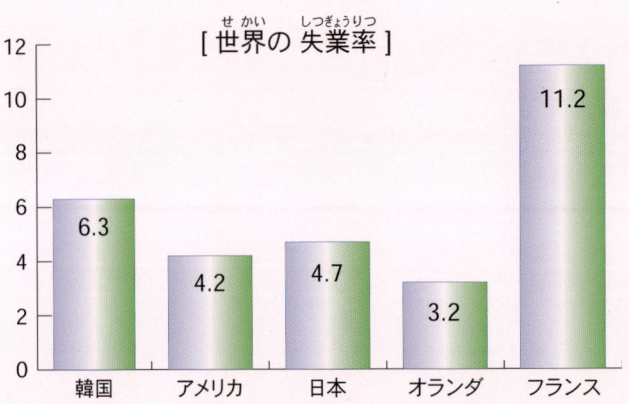

[ 世界の 失業率 ]

韓国　6.3　アメリカ　4.2　日本　4.7　オランダ　3.2　フランス　11.2

보기　韓国　（　　）　アメリカ（　　）　日本（　　）
　　　オランダ（　　）　フランス（　✓　）

① 韓国（　　）　　　　フランス（　　）

② 韓国（　　）　　　　アメリカ（　　）　日本（　　）
　オランダ（　　）　　フランス（　　）

③ アメリカ（　　）　　日本（　　）

2　내용을 잘 듣고 (　　　) 안에 해당하는 사람의 이름을 써넣으세요.

①（　　）　②（内田（うちだ）　）　③（朴（パク）　）　④（　　）　⑤（李（イ）　）

💧 새로운 단어 ————————————————————————————————

世界(せかい) 세계　失業率(しつぎょうりつ) 실업률　アメリカ 미국　オランダ 네덜란드　フランス 프랑스　少(すく)ない 적다
低(ひく)い 낮다　髪(かみ) 머리카락　5人(ごにん) 5명　背(せ)が 高(たか)い 키가 크다

## ＊ 果物と 野菜 | 과일과 채소 |
くだもの　やさい

いちご 딸기

### 果物屋(과일 가게)
くだもの や

すいか 수박

メロン 멜론

かき 감

りんご 사과

パイナップル
파인애플

ぶどう 포도

バナナ 바나나

さくらんぼ 체리

もも 복숭아

キウイ 키위

オレンジ 오렌지

なし 배

### 八百屋(채소 가게)
や おや

にんじん 당근

とうがらし 고추

さつまいも 고구마

なす 가지

きゅうり 오이

はくさい 배추

トマト 토마토

にんにく 마늘

まめ 콩

じゃがいも 감자

キャベツ 양배추

ねぎ 파

たまねぎ 양파

# 花や 木が あります

꽃이랑 나무가 있습니다

---

핵심 문형　MP3-31

### 1　～に ～が あります　～에 ~이[가] 있습니다　사물·식물

- あそこに 花屋が あります。
- 銀行の 前に コンビニが あります。

### 2　～に ～は ありません　~에 ~은[는] 없습니다　사물·식물

- ここに トイレは ありません。
- 花屋に やさいは ありません。

### 3　～に ～が います　~에 ~이[가] 있습니다　사람·동물

- ベッドの 上に ねこが います。
- 図書館に 友だちが います。

### 4　～に ～は いません　~에 ~은[는] 없습니다　사람·동물

- うちに ペットは いません。
- コンビニに 金魚は いません。

---

🐟 **새로운 단어**

花(はな) 꽃　木(き) 나무　あります (사물·식물이) 있습니다　あそこ 저기　花屋(はなや) 꽃집　銀行(ぎんこう) 은행　前(まえ) 앞
コンビニ 편의점　ここ 여기　トイレ 화장실　ありません (사물·식물이) 없습니다　野菜(やさい) 채소　います (사람·동물이) 있습니다
ベッド 침대　上(うえ) 위　猫(ねこ) 고양이　図書館(としょかん) 도서관　家(うち) 집　ペット 애완동물
いません (사람·동물이) 없습니다　金魚(きんぎょ) 금붕어　p.115 「おまけ (위치명사)」 참고

## 회화  MP3-32

❶ 地球には 何が いますか。

❷ 地球には 何が ありますか。

ここは 地球です。
地球には 人や 動物が います。
地球には 花や 木が あります。
そして 海や 山も あります。

地球は きれいな ところです。
緑が たくさん あります。

地球は 美しい ところです。
水も 豊かです。
私たちの 美しい 地球が、
いつまでも ここに ありますように。

そして 私たちが、
いつまでも ここに
いますように。

💧 **새로운 단어** ─────────────────────────────

地球(ちきゅう) 지구   動物(どうぶつ) 동물   そして 그리고   海(うみ) 바다   山(やま) 산   緑(みどり) 신록, 녹음   たくさん 많이
美(うつく)しい 아름답다   水(みず) 물   豊(ゆた)かだ 풍부하다   ～たち ～들(사람을 나타내는 명사나 대명사에 붙어 복수의 의미를 나타냄)
いつまでも 언제까지나   ～ように ～(하)도록, ～(하)기를

## 연습문제

**1** 그림을 보고 보기와 같이 「あります」와 「います」 중에서 알맞은 것을 골라 보세요.

보기1 (**あります** / います)

보기2 ( あります /**います**)

① (あります / います)

② (あります / います)

③ (あります / います)

④ (あります / います)

**2** 그림을 보고 「あります」와 「ありません」 중에서 알맞은 것을 골라 보세요.

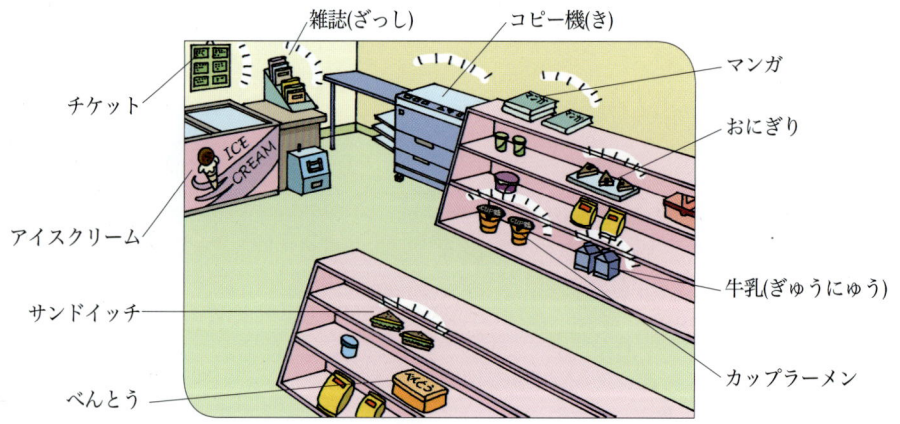

雑誌(ざっし)
コピー機(き)
マンガ
おにぎり
牛乳(ぎゅうにゅう)
カップラーメン
チケット
アイスクリーム
サンドイッチ
べんとう

コンビニに 何<sub>なに</sub>が ありますか。

コンビニに、① カップラーメン (が あります / は ありません)。

② サンドイッチ　(が あります / は ありません)。

③ 花<sub>はな</sub>　　　　　(が あります / は ありません)。

④ マンガ　　　　(が あります / は ありません)。

⑤ チケット　　　(が あります / は ありません)。

💧 **새로운 단어** ────────────────────────

チケット 티켓　雑誌(ざっし) 잡지　コピー機(き) 복사기　漫画(まんが) 만화　牛乳(ぎゅうにゅう) 우유　カップラーメン 컵라면
サンドイッチ 샌드위치　弁当(べんとう) 도시락

**3** 그림을 보고 보기와 같이 (　　　) 안에 알맞은 말을 골라 넣어 보세요.

ここは 205号室<sup>にまるごごうしつ</sup>です。

ぼくは 今<sup>いま</sup>、205号室<sup>にまるごごうしつ</sup>の 中<sup>なか</sup>に います。

| 前<sup>まえ</sup> | 後<sup>うし</sup>ろ | 左<sup>ひだり</sup> | 右<sup>みぎ</sup> | 横<sup>よこ</sup> | 周<sup>まわ</sup>り |

> **보기**　ぼくの (　前<sup>まえ</sup>　)に 鈴木<sup>すずき</sup>さんが います。

① ぼくの (　　　　)に ムンさんが います。

② ぼくの (　　　　)に 李<sup>イ</sup>さんが います。

③ ぼくの (　　　　)に 田中<sup>たなか</sup>さんが います。

④ ノさんの (　　　　)には だれも いません。

⑤ ぼくの (　　　　)に 友<sup>とも</sup>だちが たくさん います。

---

🌸 **새로운 단어** ─────────────────────

~号室(ごうしつ) ~호실　　僕(ぼく) 나(남자가 동년배나 손아랫사람에게 쓰는 허물없는 말)　　今(いま) 지금　　後(うし)ろ 뒤　　左(ひだり) 왼쪽
右(みぎ) 오른쪽　　横(よこ) 옆　　周(まわ)り 주위, 주변　　誰(だれ)も (뒤에 부정의 말을 수반하여) 아무도　　p.115 「おまけ (위치명사)」 참고

# 듣기 훈련

**1** 내용을 잘 듣고 (　　　) 안에 알맞은 말을 써넣으세요.

男 : こうちゃ ありますか。

女 : いいえ、(　　　　　　　　)。

男 : コーヒーは ありますか。

女 : はい、(　　　　　　　　)。

男 : では、コーヒーを おねがいします。

女 : はい、(　　　　　　　　)ございます。

**2** 내용을 잘 듣고 내용과 맞는 그림을 고르세요.

보기

a (　　　)　　　　　b ( ✓ )

① a (　　　)　　　　　b (　　　)

② a (　　　)　　　　　b (　　　)

🌀 **새로운 단어**

紅茶(こうちゃ) 홍차　コーヒー 커피　下(した) 아래, 밑　もしもし 여보세요(전화 인사말)

# 잠깐 휴식

## ★ 自然(しぜん) | 자연 |

日(ひ)
해

月(つき)
달

星(ほし)
별

空(そら)
하늘

土(つち)
땅

水(みず)
물

石(いし)
돌

山(やま)
산

川(かわ)
강

森(もり)
숲

湖(みずうみ)
호수

島(しま)
섬

# 08 何を しますか

무엇을 합니까

---

**1** ～に ～ます ～에 ～(합)니다  [시간]

- ろくじ お
6時に 起きます。
- しちじ た
7時に 食べます。

**2** ～を ～ます ～을[를] ～(합)니다  [목적·대상]

- た
トーストを 食べます。
- の
コーヒーを 飲みます。

**3** ～へ ～ます ～에 ～(합)니다  [방향]

- かいしゃ い
会社へ 行きます。
- うち かえ
家へ 帰ります。

**4** ～で ～ます ～에서 ～(합)니다  [장소]

- うんどう
ジムで 運動します。
- あ
レストランで 会います。

**5** ～から ～まで ～부터 ～까지  [범위]

- すもう なんじ なんじ
相撲は 何時から 何時までですか。
- ごご いちじ ろくじ
午後 1時から 6時までです。

---

💧 **새로운 단어** ───────────────────────

しますか 합니까   ～時(じ) ～시   起(お)きます 일어납니다, 기상합니다   食(た)べます 먹습니다   トースト 토스트
飲(の)みます 마십니다   会社(かいしゃ) 회사   行(い)きます 갑니다   帰(かえ)ります 돌아갑[옵]니다   ジム 체육관
運動(うんどう)します 운동합니다   レストラン 레스토랑   会(あ)います 만납니다   相撲(すもう) 스모(일본의 전통 씨름)
何時(なんじ) 몇 시   午後(ごご) 오후   p.98 「동사 활용표(ます형)」, p.109 「시간 읽기」, p.114 「주요 기본 어휘2」참고

## 회화　　MP3-35

❶ 高橋さんは あした 何を しますか。
❷ 相撲は 何時から 何時までですか。

高橋さん、あしたは 何を しますか。

家で テレビを 見ます。

何を 見ますか。

相撲を 見ます。

へえ～、日本の 相撲 ですか。

はい、おもしろい ですよ。

相撲は 何時から 何時までですか。

午後 1時から 6時までです。

それじゃあ、7時に 私の 家に 来ませんか。

えっ、金さんの 家にですか。

ええ、私が キムチチゲを 作りますから、いっしょに 食べませんか。

ほ～、それは どうも。

💧 **새로운 단어** ─────────

明日(あした) 내일　　見(み)ます 봅니다　　それじゃあ 그럼, 그러면　　～ませんか ～(하)지 않겠습니까(권유)　　作(つく)ります 만듭니다
一緒(いっしょ)に 함께, 같이　　ほ～ 오~(놀라움의 감탄사)　　どうも 감사합니다(친근한 사이에서 씀)

**1** 보기와 같이 답해 보세요.

> 보기　**A** 今、何時ですか。(04:00)
> 　　　　**B** 今、**よじ**です。

① **A** 今、何時ですか。(07:40)

　　**B** _____

② **A** 今、何時ですか。(09:05)

　　**B** _____

③ **A** 今、何時ですか。(10:30)

　　**B** _____

④ **A** 今、何時ですか。(11:50)

　　**B** _____

**2** 보기 중에서 (　　　) 안에 알맞은 조사를 골라 넣어 보세요.

> に　　で　　を　　と　　へ

① 6時半(　　　) 起きます。

② 顔(　　　) 洗います。

③ 会社(　　　) 行きます。

④ コーヒー(　　　) 飲みます。

⑤ 地下鉄(　　　) 乗ります。

⑥ 家(　　　) 帰ります。

⑦ 家(　　　) テレビを 見ます。

⑧ 子ども(　　　) 遊びます。

⑨ 12時(　　　) 寝ます。

---

🔥 **새로운 단어**

半(はん) 반, 30분　顔(かお) 얼굴　洗(あら)います 씻습니다　〜に 乗(の)ります 〜(탈것)을[를] 탑니다　子(こ)ども 아이, 자식
遊(あそ)びます 놉니다　寝(ね)ます 잡니다　p.109 「시간 읽기」 참고

**3** 그림을 보고 보기와 같이 답해 보세요.

보기
06:00

A 何時に 起きますか。
B 6時に 起きます。

①
06:30

A 何時に 顔を 洗いますか。
B _____

②
07:00

A 何時に 朝ごはんを 食べますか。
B _____

③
07:30

A 何時に 会社へ 行きますか。
B _____

④
09:00〜6:00

A 仕事は 何時から 何時までですか。
B _____

⑤
6:20

A 何時に 家へ 帰りますか。
B _____

⑥
8:00〜9:00

A 何時から 何時まで テレビを 見ますか。
B _____

⑦
9:10〜10:00

A 何時から 何時まで 本を 読みますか。
B _____

⑧
11:00

A 何時に 寝ますか。
B _____

🔥 **새로운 단어**

朝(あさ)ご飯(はん) 아침밥　　仕事(しごと) 일　　読(よ)みます 읽습니다

## 듣기 훈련　MP3-36

**1** 내용을 잘 듣고 보기와 같이 (　　　) 안에 알맞은 시간을 써넣으세요.

보기
会社<sup>かいしゃ</sup>は (　9時<sup>くじ</sup>　)から (　6時<sup>ろくじ</sup>　)までです。

① 　②

① 郵便局<sup>ゆうびんきょく</sup>は (　　　)から (　　　)までです。
② 銀行<sup>ぎんこう</sup>は (　　　)から (　　　)までです。

**2** 내용을 잘 듣고 그림을 참고해 보기와 같이 (　　　) 안에 알맞은 동사를 써넣으세요.

보기1 　보기2

보기1 田中<sup>たなか</sup>さんは、毎朝<sup>まいあさ</sup> 7時<sup>しちじ</sup>に (　起<sup>お</sup>きます　)。
보기2 朝<sup>あさ</sup>ごはんは パンと ミルクを (　食<sup>た</sup>べます　)。

① 　②

① 8時<sup>はちじ</sup>に 会社<sup>かいしゃ</sup>へ (　　　　　)。
② 午後<sup>ごご</sup> 7時<sup>しちじ</sup>に 家<sup>うち</sup>へ (　　　　　)。

③ 　④

③ 9時<sup>くじ</sup>から 10時<sup>じゅうじ</sup>まで テレビを (　　　　　)。
④ 夜<sup>よる</sup>、 11時<sup>じゅういちじ</sup>に (　　　　　)。

---

💧 **새로운 단어** ───────────────────

郵便局(ゆうびんきょく) 우체국　ええっと 어–　朝(あさ) 아침　毎朝(まいあさ) 매일 아침　パン 빵　ミルク 밀크, 우유　夜(よる) 밤

잠깐 휴식

## ＊ 暇な ときの 過ごし方 | 여가 사용법 |

**外食**
외식

**カラオケ**
노래방

**買い物**
쇼핑

**テレビ視聴**
TV 시청

**ピクニック**
피크닉

**ウォーキング**
워킹, 걷기

**ボーリング**
볼링

**サイクリング**
사이클링

**野球**
야구

**K1観戦**
케이원 관전

**ドライブ**
드라이브

**温泉**
온천

## 09 何か 買いましたか
무언가 샀습니까

**1　〜ました(か)** ~(했)습니다 / ~(했)습니까

- 週末は 何を しましたか。

　　『文化の とおり』を 歩きました。

　　何も しませんでした。

**2　な형용사의 어간 · 명사+でした(か)** ~(했)습니다 · 였습니다 / ~(했)습니까 · 였습니까

- チョンノは にぎやかでしたか。

　　はい、チョンノは にぎやかでした。

　　いいえ、チョンノは にぎやかじゃ[では]ありませんでした。

- きのうは テストでしたか。

　　はい、きのうは テストでした。

　　いいえ、きのうは テストじゃ[では]ありませんでした。

**3　い형용사의 어간+かったです(か)** ~았[었]습니다 / ~았[었]습니까

- 映画は おもしろかったですか。

　　はい、映画は おもしろかったです。

　　いいえ、映画は おもしろくなかったです[おもしろくありませんでした]。

- きのうの 天気は よかったですか。

　　はい、きのうの 天気は よかったです。

　　いいえ、きのうの 天気は よくなかったです[よくありませんでした]。

💬 **새로운 단어**

何(なに)か 무언가　　買(か)います 삽니다　　週末(しゅうまつ) 주말　　文化(ぶんか)の 通(とお)り 문화의 거리　　歩(ある)きます 걷습니다
何(なに)も (뒤에 부정의 말을 수반하여) 아무것도　　〜ませんでした ~(하)지 않았습니다　　チョンノ 종로　　昨日(きのう) 어제
テスト 테스트　　映画(えいが) 영화　　天気(てんき) 날씨　　よかったです 좋았습니다

## 회 화　MP3-38

❶ インサドンは どんな 街でしたか。
❷ 高橋さんは インサドンで 何か 買いましたか。

> 李さん、インサドンは いい ところですね。

> えっ、高橋さん、インサドンへ。

> はい、行きましたよ。

> そうですか。どうでしたか。

> おもしろかったですよ。『文化の とおり』を 歩きました。

> にぎやかでしたか。

> はい、とても にぎやかでした。インサドンには いろいろな お店が あるんですね。

> 何か 買いましたか。

> いいえ、何も 買いませんでした。伝統茶屋で 韓国の お茶を 飲みました。お店の インテリアも 韓国的で よかったですよ。

### 🔥 새로운 단어

インサドン 인사동　にぎやかだ 번화하다, 북적이다　いろいろな 여러 가지　店(みせ) 가게　ある (사물·식물이) 있다
~んですね ~하네요, ~하더군요(상대가 알아주었으면 하는 마음으로 설명할 때 씀)　伝統茶屋(でんとうちゃや) 전통 찻집　茶(ちゃ) 차
インテリア 인테리어　韓国的(かんこくてき)だ 한국적이다

## 연습문제

**1** 보기와 같이 바꿔 보세요.

> | 보기 | 行きます。➡ 行きました。 |

① デートします。➡ _____

② 飲みます。　➡ _____

③ でかけます。➡ _____

④ 来ます。　　➡ _____

**2** 보기와 같이 바꿔 보세요.

> | 보기 | 本です。➡ 本でした。 |

① 水曜日です。　➡ _____

② いい 天気です。➡ _____

③ 有名です。　　➡ _____

④ ハンサムです。➡ _____

**3** 보기와 같이 바꿔 보세요.

> | 보기 | デートしません。➡ デートしませんでした。 |

① 飲みません。　　　➡ _____

② でかけません。　　➡ _____

③ 来ません。　　　　➡ _____

④ 雨ではありません。➡ _____

⑤ 上手ではありません。➡ _____

⑥ おもしろくありません。➡ _____

🐟 **새로운 단어** ─────────────────────────────

デートします 데이트합니다　出(で)かけます 나갑니다, 외출합니다　来(き)ます 옵니다　水曜日(すいようび) 수요일　雨(あめ) 비

74

**4** 그림을 보고 보기와 같이 바꿔 보세요.

보기

おすしは おいし**い**です。 ➡ おすしは おいし**かった**です。

① 　② 　③ 　④

① アニメは おもしろ**い**です。　➡ ＿＿＿＿＿＿＿＿＿＿＿＿＿＿＿

② 日本語(に ほん ご)は 難(むずか)し**い**です。　➡ ＿＿＿＿＿＿＿＿＿＿＿＿＿＿＿

③ サイクリングは 楽(たの)し**い**です。➡ ＿＿＿＿＿＿＿＿＿＿＿＿＿＿＿

④ あの 車(くるま)は いいです。　➡ ＿＿＿＿＿＿＿＿＿＿＿＿＿＿＿

**5** 보기와 같이 바꿔 보세요.

보기　きのうの 料理(りょう り) / おいし**く**ないです。

➡ きのうの 料理(りょう り)は おいし**く**なかったです。

① きのうの アニメ / おもしろ**く**ないです。

➡ ＿＿＿＿＿＿＿＿＿＿＿＿＿＿＿＿＿＿＿＿＿＿＿

② 先週(せんしゅう)の パーティー / 楽(たの)し**く**ないです。

➡ ＿＿＿＿＿＿＿＿＿＿＿＿＿＿＿＿＿＿＿＿＿＿＿

③ きのうの 天気(てん き) / よ**く**ないです。

➡ ＿＿＿＿＿＿＿＿＿＿＿＿＿＿＿＿＿＿＿＿＿＿＿

④ コンサートの チケット / 高(たか)**く**ないです。

➡ ＿＿＿＿＿＿＿＿＿＿＿＿＿＿＿＿＿＿＿＿＿＿＿

🌀 **새로운 단어** ━━━━━━━━━━━━━━━━━━━━━━━━━━━━━━━━━━

アニメ 애니메이션　　サイクリング 사이클링　　先週(せんしゅう) 지난주　　パーティー 파티　　コンサート 콘서트　　チケット 티켓
高(たか)い 비싸다　　p.103 「때를 나타내는 말」 참고

**1** 내용을 잘 듣고 알맞은 표현을 찾아 선으로 연결하세요.

(1)

① 図書館へ

② テニスを

③ 私は 毎日 音楽を

④ きょうは どこへも

ⓐ 行きません。

ⓑ 聞きます。

ⓒ 行きます。

ⓓ します。

(2)

① きのうは どこへも

② 映画を

③ 私は ゆうべ 日本語を

④ かれは ゆうべ ビールを

ⓐ 行きませんでした。

ⓑ 飲みました。

ⓒ 見ました。

ⓓ 勉強しませんでした。

**2** 내용을 잘 듣고 내용과 맞는 그림을 고르세요.

보기

a (　　)

b ( ✓ )

① 

a (　　)　　　　b (　　)

② 

a (　　)　　　　b (　　)

💧 **새로운 단어**

どこかへ 어딘가에　　テニス 테니스　　毎日(まいにち) 매일　　音楽(おんがく) 음악　　聞(き)きます 듣습니다　　今日(きょう) 오늘
ゆうべ 어젯밤

## ☀ 日本人の 言い方 | 일본인의 언어 습관 |

にほんじん　いかた

### 「はい」

「はい」(예)는 상대방의 말에 긍정을 나타내는 가장 일반적인 말인데, 좀 더 부드러운 표현으로 「ええ」(네)라고도 합니다. 친한 친구 사이에서는 「うん」(응)이라고 하기도 하는데, 「ええ」나 「うん」은 공식적인 자리에서는 사용하지 않는 게 좋습니다. 그리고 일본인들이 대화 도중에 연발하는 「はい」나 「ええ」는 물음에 대한 긍정의 답이 아니라 상대방의 이야기를 잘 듣고 있다는 의미입니다.

### 「どうぞ」와 「どうも」

일본어에서는 「どうぞ」와 「どうも」라는 말만 알고 있어도 어느 정도의 의사 표현이 가능하다는 말이 있습니다. 그만큼 많이 사용되는 표현입니다.

「どうぞ」는 상대방에게 뭔가를 권할 때 쓰는 말로, 우리말로는 상황에 따라 해석이 달라집니다. 의자에 앉을 것을 권할 때는 '어서 앉으세요', 차를 권할 때는 '차 드세요'라는 뜻이 됩니다. 이때 응하는 쪽에서는 「どうも」(고마워요)라고 하면 됩니다.

### 「すみません」

「すみません」도 상황에 따라 뜻이 달라지는 표현입니다. 크게 4가지 의미가 있는데, 우선 모르는 사람에게 말을 걸거나 길을 비켜 달라고 할 때 '실례합니다'라는 의미로 사용되고, 식당 등에서 점원을 부를 때는 '저기요'라는 의미가 됩니다. 또 누군가와 부딪치거나 발을 밟아 사과할 때 「すみません」이라고 하면 '미안합니다'라는 의미가 됩니다. 마지막으로 신세를 지거나 도움을 받았을 때 고마운 마음에 미안함을 더해 「すみません」(감사합니다)이라고 합니다.

# 10 ゆっくり 休(やす)みたいです

푹 쉬고 싶습니다

## 핵심 문형 MP3-40

**1 동사의 ます형+たいです** ~(하)고 싶습니다

- おいしい ものを 食(た)べたいです。
- ゆっくり 休(やす)みたいです。

**2 동사의 ます형+たくありません** ~(하)고 싶지 않습니다

- ねぎは 食(た)べたくありません。
- ビールは 飲(の)みたくありません。

**3 ほしいです** 갖고 싶습니다

- ペットが ほしいです。
- 車(くるま)が ほしいです。

**4 ほしくありません** 갖고 싶지 않습니다

- 別(べつ)に 子(こ)どもは ほしくありません。
- 新(あたら)しい 自転車(じてんしゃ)は ほしくありません。

---

🔊 **새로운 단어**

ゆっくり 푹   休(やす)む 쉬다   〜たい 〜(하)고 싶다   もの 것   ねぎ 파   ほしい 갖고 싶다
別(べつ)に (뒤에 부정의 말을 수반하여) 별로   自転車(じてんしゃ) 자전거

## 회화 MP3-41

① 二人は 週末に 何を しますか。
ふたり　しゅうまつ　なに

② 利川は 何が 有名ですか。
イ チョン　なに　ゆうめい

今週は 忙しかったですね。
こんしゅう　いそが

そうですね。週末は ゆっくり 休みたいですね。
しゅうまつ　やす

高橋さん、温泉にでも 行きませんか。
たかはし　おんせん　い

温泉ですか。いいですね。それに おいしい ものも 食べたいですね。
おんせん　た

それじゃ、利川が いいですね。
イ チョン

ソウルから 近いですか。
ちか

ええ、1時間ぐらいです。利川は 焼き物も 有名ですよ。
いち じ かん　イ チョン　や　もの　ゆうめい

そうなんですか。焼き物も ほしいですね。あ〜あ、早く 利川へ 行きたいな。
や　もの　はや　イ チョン　い

### 🔥 새로운 단어

二人(ふたり) 두 사람　利川(イチョン) 이천　今週(こんしゅう) 이번 주　忙(いそが)しい 바쁘다　温泉(おんせん) 온천
〜でも 〜라도, 〜이나　それに 게다가　それじゃ 그럼, 그러면　近(ちか)い 가깝다　時間(じかん) 시간　〜くらい[ぐらい] 〜정도
焼(や)き物(もの) 도자기　そうなんですか 그렇습니까　早(はや)く 빨리　〜な 〜구나(감동·영탄의 감정을 나타냄)

## 연습문제

**1** 보기와 같이 바꿔 보세요.

> **보기** 言う ➡ 言いたいです。

① 行く ➡ _____  ② 泳ぐ ➡ _____

③ 話す ➡ _____  ④ 待つ ➡ _____

⑤ 死ぬ ➡ _____  ⑥ 飲む ➡ _____

**2** 보기와 같이 바꿔 보세요.

> **보기** 見る ➡ 見たいです。 / 予約する ➡ 予約したいです。

① 起きる ➡ _____  ② 教える ➡ _____

③ 寝る ➡ _____  ④ 来る ➡ _____

⑤ 運動する ➡ _____  ⑥ 旅行する ➡ _____

**3** 보기와 같이 바꿔 보세요.

> **보기** ホテルを 予約する。 ➡ ホテルを 予約したいです。

① 出前を お願いする。 ➡ _____

② いっぱい 飲む。 ➡ _____

③ 旅行に 行く。 ➡ _____

④ 日本語を 勉強する。 ➡ _____

---

🎵 **새로운 단어**

言(い)う 말하다   泳(およ)ぐ 헤엄치다, 수영하다   話(はな)す 이야기하다   待(ま)つ 기다리다   死(し)ぬ 죽다
予約(よやく)する 예약하다   教(おし)える 가르치다   寝(ね)る 자다   ホテル 호텔   出前(でまえ) (요리) 배달
いっぱい 술을 가볍게 마심, 한잔함   旅行(りょこう) 여행

**4** 보기와 같이 바꿔 보세요.

> 보기  あそこは 予約<sup>よやく</sup>したい。 ➡ あそこは 予約<sup>よやく</sup>したくありません。

① ねぎは 食<sup>た</sup>べたい。　➡ _____

② ビールは 飲<sup>の</sup>みたい。　➡ _____

③ あの ことは 忘<sup>わす</sup>れたい。➡ _____

④ きょうは 帰<sup>かえ</sup>りたい。　➡ _____

**5** 그림을 보고 보기와 같이 답해 보세요.

> 보기
> A 電子<sup>でんし</sup>レンジは どうですか。( ○ )
> B1 ほしいです。
> A 電子<sup>でんし</sup>レンジは どうですか。( ✕ )
> B2 ほしくありません。

①
A 日本人<sup>にほんじん</sup>の 友<sup>とも</sup>だちは どうですか。( ○ )
B1 _____

②
A トースターは どうですか。( ✕ )
B2 _____

③
A 休<sup>やす</sup>みは どうですか。( ○ )
B1 _____

④
A 車<sup>くるま</sup>は どうですか。( ✕ )
B2 _____

💬 **새로운 단어** ─────────────────────────────────

こと 일, 사건　忘(わす)れる 잊다　電子(でんし)レンジ 전자레인지　トースター 토스터　休(やす)み 휴식, 휴가

**1** 내용을 잘 듣고 물건과 관계있는 사람을 찾아 선으로 연결하세요.

①  　②  　③

ⓐ  　ⓑ  　ⓒ

イ
李

たかはし
高橋

キム
金

**2** 내용을 잘 듣고 (　　　) 안에 공통으로 들어갈 말을 써넣으세요.

(1)  たなか
　　田中 : キム
　　　　　金さん、いま なに いちばん
　　　　　今 何が 一番 (　　　　　)ですか。

　　キム
　　金　 : あたら
　　　　　新しい パソコンが (　　　　)です。

　　　　　たなか
　　　　　田中さんは なに
　　　　　何が (　　　　)ですか。

　　たなか
　　田中 : そうですね。ぼくが いちばん
　　　　　一番 (　　　　) ものは じかん
　　　　　時間です。

(2)  すずき
　　鈴木 : イ
　　　　　李さん、お昼は ひる なに
　　　　　何が (　　　　)ですか。

　　イ
　　李　 : う～ん、スパゲッティが いいですね。

　　　　　すずき
　　　　　鈴木さんは。

　　すずき
　　鈴木 : わたし
　　　　　私は カレーライスが (　　　　)ですね。

🌀 **새로운 단어** ────────────────────────

素敵(すてき)だ 멋있다　　お金(かね) 돈　　パソコン 컴퓨터　　お昼(ひる) 점심(밥)　　カレーライス 카레라이스

## ＊日本の 温泉と 旅館 | 일본의 온천과 전통 여관 |

일본은 세계에서 손꼽히는 온천 국가로, 전국적으로 5천여 곳의 온천이 있습니다. 온천으로 이름난 지역에는 「旅館」(료칸)이라 불리는 전통 여관이 많이 있는데, 아름다운 풍경을 보며 온천을 즐길 수 있는 「露天風呂」(노천 목욕탕)를 갖추고 있습니다.

전통 여관은 다다미방로 되어 있으며, 일본의 풍미를 느낄 수 있는 「会席料理」(가이세키요리, 회석요리)를 제공합니다. 이 요리는 그 지역의 계절 특산물로 만든 1인 정식 세트로, 여종업원이 무릎을 꿇고 정성껏 서비스를 합니다.

또한 전통 여관에서는 온천을 한 뒤 「浴衣」(유카타)라는 무명 홑옷을 입는데, 입는 법은 다음과 같습니다.

### 유카타 입는 법

1. 속옷을 입은 상태에서 「浴衣」(유카타)에 양팔을 끼워 넣습니다.
2. 오른쪽 깃을 안으로 넣고 왼쪽 깃이 겉으로 향하게 입습니다.
3. 허리띠인 「帯」(오비)로 「浴衣」(유카타)를 고정합니다.
4. 날이 추울 때는 짧은 겉옷인 「羽織」(하오리)를 「浴衣」(유카타) 위에 걸칩니다.

### Tip 온천 여관 예약 방법

❶ 旅館を調べる。(여관을 알아본다.) → ❷ 予約をする。(電話)(예약을 한다.)(전화) → ❸ チェックイン、チェックアウト時間を確認する。(체크인, 체크아웃 시간을 확인한다.) → ❹ 人数、宿泊の日などによる料金を確認する。(인원수, 숙박일 등에 따른 요금을 확인한다.) → ❺ 一食付き、二食付き、食事なしなどを決めて知らせる。(1식 포함, 2식 포함, 식사 없음 등을 정해서 알린다.) → ❻ 到着時間を知らせておく。(도착 시간을 알려 둔다.)

## 11 にぎやかで、とても楽しい町ですよ

번화하고 매우 즐거운 도시예요

### 핵심 문형  MP3-43

**1 동사의 て형+て[で]** ~(하)고, ~(해)서

- 地下鉄に乗って、キョデで3号線に乗り換えて、会社まで行きます。
- 朝はトーストを食べてミルクを飲みます。
- 図書館へ行って勉強します。

**2 い형용사의 어간+くて** ~고, ~아[어]서

- 近くていいです。
- 青くて、広くて、深いものは海です。
- 金さんは楽しくて、おもしろい人です。

**3 な형용사의 어간+で** ~(하)고, ~(해)서

- ソウルはにぎやかで、とても楽しい町です。
- 金さんは親切で元気な人です。
- このカメラは便利で丈夫です。

 **새로운 단어** ─────────────────────────

キョデ 교대(역)    ～号線(ごうせん) ～호선    ～に乗(の)り換(か)える ~(으)로 갈아타다    朝(あさ) 아침    トースト 토스트
青(あお)い 파랗다    広(ひろ)い 넓다    深(ふか)い 깊다    便利(べんり)だ 편리하다    丈夫(じょうぶ)だ 튼튼하다
p.98 「동사 활용표(て(た)형)」, p.100 「い형용사·な형용사 활용표(て형)」 참고

❶ ソウル支店の金さんはどんな人ですか。

❷ 高橋さんは会社まで、どうやって行きますか。

メール、どうもありがとう。

僕も元気です。

ソウルはにぎやかで、

とても楽しい町ですよ。

それから食事もとてもおいしいです。

キムチは少し辛いですが、

おいしいです。

ソウル支店の金さんはおもしろくて、

親切な人です。

先週、いっしょに温泉に行きました。

僕のアパートはサダンにあります。

家からサダン駅まで歩いて10分です。

サダン駅で地下鉄に乗って、キョデで3号線に

乗り換えて、会社まで行きます。

それでは、今日はこの辺で。

ソウルより、高橋

새로운 단어 ────────────────────

支店(してん) 지점　どうやって 어떻게 해서　それから 그리고　食事(しょくじ) 식사　少(すこ)し 약간, 조금

〜が 〜지만(역접 관계를 나타냄)　アパート 아파트　サダン 사당　駅(えき) 역　それでは 그럼　この辺(へん)で 이쯤에서

〜より 〜에서, 〜부터

## 연습문제

**1** 동사를 보기와 같이 「て형」으로 바꿔 보세요.

> **보기** 書く ➡ 書いて / 教える ➡ 教えて

① 泳ぐ ➡ _____ ② 帰る ➡ _____ ③ 行く ➡ _____

④ 死ぬ ➡ _____ ⑤ 押す ➡ _____ ⑥ 寝る ➡ _____

⑦ かける ➡ _____ ⑧ 来る ➡ _____ ⑨ 紹介する ➡ _____

**2** い형용사·な형용사를 보기와 같이 「て형」으로 바꿔 보세요.

> **보기** 近い ➡ 近くて / 親切だ ➡ 親切で

① 青い ➡ _____ ② 広い ➡ _____ ③ 深い ➡ _____

④ いい ➡ _____ ⑤ 細い ➡ _____ ⑥ 元気だ ➡ _____

⑦ 便利だ ➡ _____ ⑧ 丈夫だ ➡ _____ ⑨ まじめだ ➡ _____

**3** 보기와 같이 바꿔 보세요.

> **보기** パンを食べる。コーヒーを飲む。 ➡ パンを食べてコーヒーを飲みます。

① タクシーに乗る。家へ帰る。 ➡ _____

② 友だちに会う。レストランに入る。 ➡ _____

③ 図書館へ行く。勉強する。 ➡ _____

④ 6時に起きる。7時にご飯を食べる。 ➡ _____

⑤ 宿題をする。テレビを見る。 ➡ _____

⑥ 歯をみがく。顔を洗う。 ➡ _____

---

🌀 **새로운 단어** ────────────────────────────────

書(か)く 쓰다　押(お)す 누르다　かける 걸다　紹介(しょうかい)する 소개하다　細(ほそ)い 가늘다　～に会(あ)う ～을[를] 만나다
入(はい)る 들어개[오]다　ご飯(はん) 밥　宿題(しゅくだい) 숙제　歯(は)をみがく 이를 닦다
顔(かお)を洗(あら)う 얼굴을 씻다, 세수하다

**4** 지금 서울역에 있습니다. ○○역에 가려면 어떻게 가야 합니까?

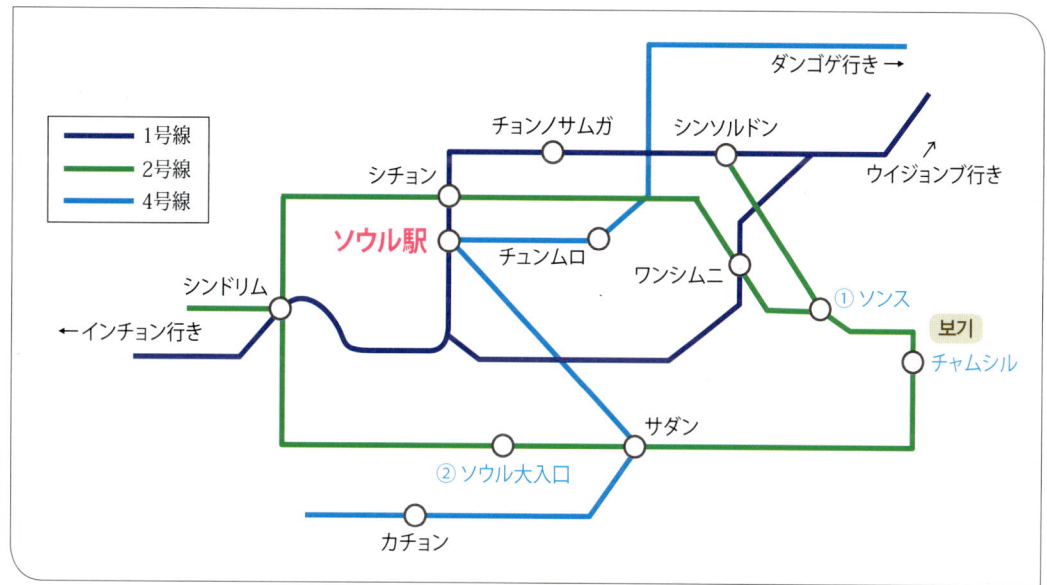

보기 チャムシル

A あの、チャムシルへ行きたいですが、どうやって行きますか。

B まず 1号線に乗って、シチョンで2号線に乗り換えてチャムシルで降ります。

① ソンス

A _____

B _____

② ソウル大入口

A _____

B _____

🌀 **새로운 단어** ────────────────────────────

ダンゴゲ 당고개(역)　**〜行(ゆ)き** 〜행　**チョンノサムガ** 종로3가(역)　**シンソルドン** 신설동(역)　**シチョン** 시청(역)

**議政府(ウイジョンブ)** 의정부(역)　**ソウル駅(えき)** 서울역　**チュンムロ** 충무로(역)　**ワンシムニ** 왕십리(역)　**シンドリム** 신도림(역)

**ソンス** 성수(역)　**仁川(インチョン)** 인천(역)　**チャムシル** 잠실(역)　**ソウル大入口(だいいりぐち)** 서울대 입구(역)

**果川(カチョン)** 과천(역)　**あの** 저, 저어(말을 걸 때 내는 소리)　**まず** 먼저　**降(お)りる** (탈것에서) 내리다

**1** 내용을 잘 듣고 내용과 맞는 그림에 번호를 써넣으세요.

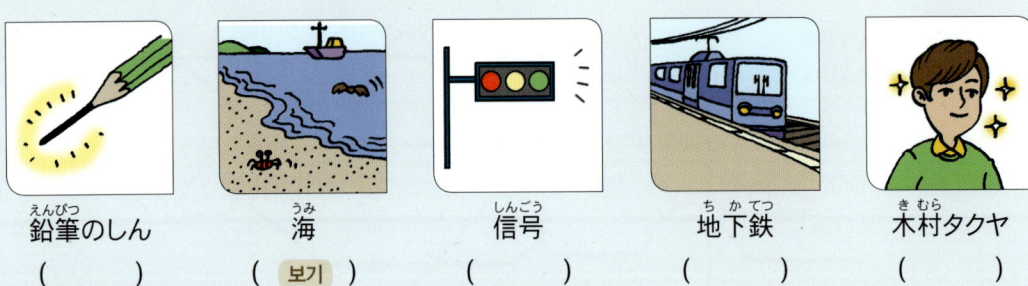

| 鉛筆のしん<br>えんぴつ | 海<br>うみ | 信号<br>しんごう | 地下鉄<br>ち か てつ | 木村タクヤ<br>き むら |
|---|---|---|---|---|
| (　　　　) | (　보기　) | (　　　　) | (　　　　) | (　　　　) |

**2** 내용을 잘 듣고 일어난 순서대로 (　　　) 안에 번호를 써넣으세요.

(1)　(　　) 　 (　　) 　 (　　)

(2)　(　　) 　 (　　) 　 (　　)

---

🔥 **새로운 단어**

海(うみ) 바다　黒(くろ)い 검다　鉛筆(えんぴつ)のしん 연필심　赤(あか)い 빨갛다　黄色(きいろ)い 노랗다
信号(しんごう) 신호등　日曜日(にちようび) 일요일

잠깐 휴식

## ★ 乗り物のいろいろ | 여러 가지 교통수단 |

**バス**
버스

**タクシー**
택시

**電車**
전철

**新幹線**
신칸센

**船**
배

**飛行機**
비행기

**自転車**
자전거

**オートバイ**
오토바이

**トラック**
트럭

**救急車**
구급차

**パトカー**
순찰차

**スポーツカー**
스포츠카

## 12 いつもネットで買っています

항상 인터넷에서 사고 있습니다[삽니다]

**1** **동사의 て형+て[で]います** ~(하)고 있습니다 　진행

- マンガを読んでいます。
- 料理を作っています。
- タバコを吸っています。

**2** **동사의 て형+て[で]います** ~(하)고 있습니다 　상태

- スーツを着ています。
- 帽子をかぶっています。
- 眼鏡をかけています。

**3** **동사의 て형+て[で]いる +명사** ~(하)고 있는 ~

- ジョギングをしている人が高橋さんです。
- 韓国語を勉強している人は吉田さんです。

**4** **동사의 て형+て[で]ください** ~(해) 주세요

- 使っているサイトを教えてください。
- 本を読んでください。

**5** **동사의 ます형+ましょう** ~(합)시다, ~(할)게요

- タクシーを呼びましょう。　권유
- 私もネットで買いましょう。　의지

### 🔥 새로운 단어

いつも 언제나　ネット 인터넷　買(か)う 사다　漫画(まんが) 만화　タバコを吸(す)う 담배를 피우다　スーツ 슈트, 양복
着(き)る 입다　帽子(ぼうし)をかぶる 모자를 쓰다　眼鏡(めがね)をかける 안경을 쓰다　ジョギング 조깅
使(つか)う 사용하다, 이용하다　サイト 사이트　呼(よ)ぶ 부르다　p.117 「おまけ(서로 호응하는 말)」 참고

90

## 회화　MP3-47

❶ 金さんはいつもどこで本を買いますか。
❷ 金さんは、今何をしていますか。

金さん、大きい本屋はどこにありますか。

チョンノにありますよ。本を買うんですか。

はい。見たい本があるんです。

本はネットでも売っていますよ。

あー、そうでしたね。

はい。私はいつもネットで買っています。

そうですか。じゃあ、金さんが使っているサイトを教えてください。

どのくらい安いんですか。

10パーセントくらい安いですよ。

今、ちょうどそのサイトを見ています。安くていいですよ。

それはいいですね。じゃあ、私もさっそくネットで買いましょう。

### 🔥 새로운 단어

今(いま) 지금　本屋(ほんや) 서점　売(う)る 팔다　ちょうど 마침　どのくらい 어느 정도, 얼마나　パーセント 퍼센트(기호는 %)
さっそく 즉시, 당장

## 연습문제

**1** 보기와 같이 「〜ています(진행)」 문형을 써서 바꿔 보세요.

> 보기　テレビを見る。 ➡ テレビを見**ています**。

① 歯をみがく。　　　➡ _____　② ごはんを食べる。 ➡ _____

③ お酒を飲む。　　　➡ _____　④ メールを書く。　 ➡ _____

⑤ 部屋を掃除する。 ➡ _____　⑥ 顔を洗う。　　　　➡ _____

**2** 보기와 같이 「〜ています(상태)」 문형을 써서 바꿔 보세요.

> 보기　スーツを着る。 ➡ スーツを着**ています**。

① ワンピースを着る。 ➡ _____　② スカートをはく。 ➡ _____

③ 帽子をかぶる。　　　➡ _____　④ 眼鏡をかける。　 ➡ _____

⑤ ネクタイをする。　　➡ _____　⑥ かばんを持つ。　 ➡ _____

**3** 그림을 보고 보기와 같이 말해 보세요.

보기

李さん

> チマチョゴリを着て、
> イヤリングをして、
> ゴムシンをはいている
> 人が李さんです。

①

朴さん

②

金さん

**4** 그림을 보고 보기와 같이 말해 보세요.

보기

田中さん

> 田中さんはゴルフを
> しています。

①

黄さん

②

高橋さん

💧 **새로운 단어**

掃除(そうじ)する 청소하다　ワンピース 원피스　スカート 스커트, 치마　はく (하의·신발 등을) 입다, 신다　ネクタイをする 넥타이를 매다
かばんを持(も)つ 가방을 들다　チマチョゴリ 치마저고리, 한복　イヤリング 귀고리　ゴムシン 고무신

**5** 보기와 같이 「～てください」 문형을 써서 바꿔 보세요.

> 보기 　道を教える。 ➡ 道を教えてください。

① 車は駐車場に止める。 ➡ _____

② ちょっと待つ。 ➡ _____

③ ここに書く。 ➡ _____

④ 4時までに来る。 ➡ _____

⑤ 説明をする。 ➡ _____

⑥ 住所を教える。 ➡ _____


**6** 보기와 같이 (　　　) 안에 알맞은 동사를 고른 후 「～ましょう」 문형을 써서 바꿔 보세요.

> 移る　　考える　　待つ　　入る　　手伝う　　行く

> 보기 　前の席に( 移りましょう )。

① もう少し(　　　　　　　　　)。

② コーヒーショップに(　　　　　　　　)か。

③ プランをよく(　　　　　　　　)。

④ ひまですから、(　　　　　　　)。

⑤ 公園まで(　　　　　　　)。


---

🍀 **새로운 단어** ──────────────

道(みち) 길　**駐車場**(ちゅうしゃじょう) 주차장　**止**(と)める 세우다　**ちょっと** 좀　**～までに** ～까지(한도)　**説明**(せつめい) 설명
**移**(うつ)る 옮기다, 이동하다　**考**(かんが)える 생각하다　**手伝**(てつだ)う 도와주다　**席**(せき) 좌석　**もう少**(すこ)し 조금 더
**コーヒーショップ** 커피숍　**プラン** 플랜, 계획　**よく** 잘　**公園**(こうえん) 공원

## 듣기 훈련  MP3-48

**1** 내용을 잘 듣고 ( ) 안에 해당하는 사람의 이름을 써넣으세요.

보기

( 佐藤 )
<sup>さ とう</sup>

①
( )

②
( )

③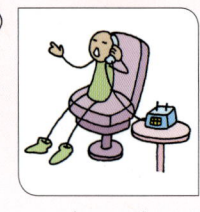
( )

④
( )

⑤
( )

**2** 내용을 잘 듣고 그림을 참고해 보기와 같이 ( ) 안에 알맞은 동사를 써넣으세요.

보기

①

②

③

보기  日本語を( 教えて )ください。
に ほん ご　　おし

① どうぞ、たくさん(　　　　)ください。
② 鉛筆で(　　　　)ください。
　 えんぴつ
③ タクシーを(　　　　)ください。

---

💧 **새로운 단어**

ピアノを弾(ひ)く 피아노를 치다　電話(でんわ)をかける 전화를 걸다　～で ～로(수단)

94

## ＊ オンラインマーケット | 온라인 마켓 |

- インターネットショッピング 인터넷쇼핑
- <ruby>通信販売<rt>つうしんはんばい</rt></ruby> 통신판매
- <ruby>海外配送<rt>かいがいはいそう</rt></ruby> 해외배송
- <ruby>新規会員登録<rt>しんきかいいんとうろく</rt></ruby> 신규 회원가입
- お<ruby>気<rt>き</rt></ruby>に<ruby>入<rt>い</rt></ruby>り 즐겨찾기
- ポイントがたまる 포인트가 쌓이다
- タイムセール 타임세일
- <ruby>送料<rt>そうりょう</rt></ruby> 배송료
- お<ruby>問<rt>と</rt></ruby>い<ruby>合<rt>あ</rt></ruby>わせ 문의
- フィッシング 피싱(유명 기업 등을 사칭해 인터넷 상에서 개인 정보를 빼내 이를 이용 하는 인터넷 범죄)

- オークション 옥션
- <ruby>共同購入<rt>きょうどうこうにゅう</rt></ruby> 공동구매
- ギフト<ruby>券<rt>けん</rt></ruby> 상품권
- <ruby>買<rt>か</rt></ruby>い<ruby>物<rt>もの</rt></ruby>かご 장바구니
- ほしいものリスト wish 리스트
- <ruby>定番<rt>ていばん</rt></ruby>アイテム MUST HAVE 아이템
- <ruby>在庫<rt>ざいこ</rt></ruby>あり 재고 있음
- <ruby>水曜日中<rt>すいようびちゅう</rt></ruby>にお<ruby>届<rt>とど</rt></ruby>け 수요일 중 도착
- <ruby>返品<rt>へんぴん</rt></ruby> 반품
- <ruby>代金引換<rt>だいきんひきかえ</rt></ruby> 물건을 받을 때 물건 값을 지불함

# 부 록

## ❶ 동사 활용표

| | 기본형 | ます형 | て(た)형 | ない형 | ば형 |
|---|---|---|---|---|---|
| **1그룹 동사** | 買<small>か</small>う 사다 | 買<small>か</small>います | 買<small>か</small>って | 買<small>か</small>わない | 買<small>か</small>えば |
| | 待<small>ま</small>つ 기다리다 | 待<small>ま</small>ちます | 待<small>ま</small>って | 待<small>ま</small>たない | 待<small>ま</small>てば |
| | *帰<small>かえ</small>る 돌아가[오]다 | 帰<small>かえ</small>ります | 帰<small>かえ</small>って | 帰<small>かえ</small>らない | 帰<small>かえ</small>れば |
| | 書<small>か</small>く 쓰다 | 書<small>か</small>きます | 書<small>か</small>いて | 書<small>か</small>かない | 書<small>か</small>けば |
| | *行<small>い</small>く 가다 | 行<small>い</small>きます | 行<small>い</small>って | 行<small>い</small>かない | 行<small>い</small>けば |
| | 泳<small>およ</small>ぐ 헤엄치다 | 泳<small>およ</small>ぎます | 泳<small>およ</small>いで | 泳<small>およ</small>がない | 泳<small>およ</small>げば |
| | 死<small>し</small>ぬ 죽다 | 死<small>し</small>にます | 死<small>し</small>んで | 死<small>し</small>なない | 死<small>し</small>ねば |
| | 呼<small>よ</small>ぶ 부르다 | 呼<small>よ</small>びます | 呼<small>よ</small>んで | 呼<small>よ</small>ばない | 呼<small>よ</small>べば |
| | 読<small>よ</small>む 읽다 | 読<small>よ</small>みます | 読<small>よ</small>んで | 読<small>よ</small>まない | 読<small>よ</small>めば |
| | 話<small>はな</small>す 이야기하다 | 話<small>はな</small>します | 話<small>はな</small>して | 話<small>はな</small>さない | 話<small>はな</small>せば |
| **2그룹 동사** | 見<small>み</small>る 보다 | 見<small>み</small>ます | 見<small>み</small>て | 見<small>み</small>ない | 見<small>み</small>れば |
| | 食<small>た</small>べる 먹다 | 食<small>た</small>べます | 食<small>た</small>べて | 食<small>た</small>べない | 食<small>た</small>べれば |
| **3그룹 동사** | 来<small>く</small>る 오다 | 来<small>き</small>ます | 来<small>き</small>て | 来<small>こ</small>ない | 来<small>く</small>れば |
| | する 하다 | します | して | しない | すれば |
| | 勉強<small>べんきょう</small>する 공부하다 | 勉強<small>べんきょう</small>します | 勉強<small>べんきょう</small>して | 勉強<small>べんきょう</small>しない | 勉強<small>べんきょう</small>すれば |

* 예외 동사

| | 가능형 | 명령형 | 의지형 | (ら)れる형 | (さ)せる형 |
|---|---|---|---|---|---|
| **1그룹 동사** | 買<sub>か</sub>える | 買<sub>か</sub>え | 買<sub>か</sub>おう | 買<sub>か</sub>われる | 買<sub>か</sub>わせる |
| | 待<sub>ま</sub>てる | 待<sub>ま</sub>て | 待<sub>ま</sub>とう | 待<sub>ま</sub>たれる | 待<sub>ま</sub>たせる |
| | 帰<sub>かえ</sub>れる | 帰<sub>かえ</sub>れ | 帰<sub>かえ</sub>ろう | 帰<sub>かえ</sub>られる | 帰<sub>かえ</sub>らせる |
| | 書<sub>か</sub>ける | 書<sub>か</sub>け | 書<sub>か</sub>こう | 書<sub>か</sub>かれる | 書<sub>か</sub>かせる |
| | 行<sub>い</sub>ける | 行<sub>い</sub>け | 行<sub>い</sub>こう | 行<sub>い</sub>かれる | 行<sub>い</sub>かせる |
| | 泳<sub>およ</sub>げる | 泳<sub>およ</sub>げ | 泳<sub>およ</sub>ごう | 泳<sub>およ</sub>がれる | 泳<sub>およ</sub>がせる |
| | 死<sub>し</sub>ねる | 死<sub>し</sub>ね | 死<sub>し</sub>のう | 死<sub>し</sub>なれる | 死<sub>し</sub>なせる |
| | 呼<sub>よ</sub>べる | 呼<sub>よ</sub>べ | 呼<sub>よ</sub>ぼう | 呼<sub>よ</sub>ばれる | 呼<sub>よ</sub>ばせる |
| | 読<sub>よ</sub>める | 読<sub>よ</sub>め | 読<sub>よ</sub>もう | 読<sub>よ</sub>まれる | 読<sub>よ</sub>ませる |
| | 話<sub>はな</sub>せる | 話<sub>はな</sub>せ | 話<sub>はな</sub>そう | 話<sub>はな</sub>される | 話<sub>はな</sub>させる |
| **2그룹 동사** | 見<sub>み</sub>られる | 見<sub>み</sub>ろ | 見<sub>み</sub>よう | 見<sub>み</sub>られる | 見<sub>み</sub>させる |
| | 食<sub>た</sub>べられる | 食<sub>た</sub>べろ | 食<sub>た</sub>べよう | 食<sub>た</sub>べられる | 食<sub>た</sub>べさせる |
| **3그룹 동사** | 来<sub>こ</sub>られる | 来<sub>こ</sub>い | 来<sub>こ</sub>よう | 来<sub>こ</sub>られる | 来<sub>こ</sub>させる |
| | できる | しろ | しよう | される | させる |
| | 勉強<sub>べんきょう</sub>できる | 勉強<sub>べんきょう</sub>しろ | 勉強<sub>べんきょう</sub>しよう | 勉強<sub>べんきょう</sub>される | 勉強<sub>べんきょう</sub>させる |

## ❷ い형용사 · な형용사 활용표

| | 기본형 | です형 | 연체형 | て형 | た형 |
|---|---|---|---|---|---|
| い형용사 | おいしい 맛있다 | おいしいです | おいしい | おいしくて | おいしかった |
| | よい(いい) 좋다 | よいです<br>(いいです) | よい(いい) | よくて | よかった |
| | ない 없다 | ないです | ない | なくて | なかった |
| | ほしい 갖고 싶다 | ほしいです | ほしい | ほしくて | ほしかった |
| い형용사형<br>조동사 | たい 〜하고 싶다 | たいです | たい | たくて | たかった |
| な형용사 | きれいだ<br>예쁘다, 깨끗하다 | きれいです | きれいな | きれいで | きれいだった |
| | 静<sup>しず</sup>かだ 조용하다 | 静<sup>しず</sup>かです | 静<sup>しず</sup>かな | 静<sup>しず</sup>かで | 静<sup>しず</sup>かだった |
| | 親切<sup>しんせつ</sup>だ 친절하다 | 親切<sup>しんせつ</sup>です | 親切<sup>しんせつ</sup>な | 親切<sup>しんせつ</sup>で | 親切<sup>しんせつ</sup>だった |
| | 一般的<sup>いっぱんてき</sup>だ<br>일반적이다 | 一般的<sup>いっぱんてき</sup>です | 一般的<sup>いっぱんてき</sup>な | 一般的<sup>いっぱんてき</sup>で | 一般的<sup>いっぱんてき</sup>だった |
| | タフだ 터프하다 | タフです | タフな | タフで | タフだった |
| | *同<sup>おな</sup>じだ 같다 | 同<sup>おな</sup>じです | 同<sup>おな</sup>じ | 同<sup>おな</sup>じで | 同<sup>おな</sup>じだった |

* 예외 형용사

100

|  | ない형 | だろう(でしょう)형 | 가정형 | 중지형 |
|---|---|---|---|---|
| **い형용사** | おいしくない | おいしいだろう(でしょう) | おいしければ | おいしく |
|  | よくない | いい(よい)だろう(でしょう) | よければ | よく |
|  | (なくはない) | ないだろう(でしょう) | なければ | なく |
|  | ほしくない | ほしいだろう(でしょう) | ほしければ | ほしく |
| **い형용사형 조동사** | たくない | たいだろう(でしょう) | たければ | たく |
| **な형용사** | きれいではない | きれいだろう(でしょう) | きれいなら | きれいに |
|  | 静かではない | 静かだろう(でしょう) | 静かなら | 静かに |
|  | 親切ではない | 親切だろう(でしょう) | 親切なら | 親切に |
|  | 一般的ではない | 一般的だろう(でしょう) | 一般的なら | 一般的に |
|  | タフではない | タフだろう(でしょう) | タフなら | タフに |
|  | 同じではない | 同じだろう(でしょう) | 同じなら | 同じに |

# ❸ 가족 명칭

| 뜻 | 부를 때 | 남에게 소개할 때 | 남의 가족을 높일 때 |
|---|---|---|---|
| (외)할아버지 | おじいさん | 祖父（そふ） | おじいさん |
| (외)할머니 | おばあさん | 祖母（そぼ） | おばあさん |
| 아버지 | お父さん・パパ（とう） | 父（ちち） | お父さん（とう） |
| 어머니 | お母さん・ママ（かあ） | 母（はは） | お母さん（かあ） |
| 부모님 | * | 両親（りょうしん） | ご両親（りょうしん） |
| 형 / 오빠 | お兄さん（にい） | 兄（あに） | お兄さん（にい） |
| 누나 / 언니 | お姉さん（ねえ） | 姉（あね） | お姉さん（ねえ） |
| 남동생 | 이 름 | 弟（おとうと） | 弟さん（おとうと） |
| 여동생 | 이 름 | 妹（いもうと） | 妹さん（いもうと） |
| 아들 | 이 름 | 息子（むすこ） | 息子さん（むすこ） |
| 딸 | 이 름 | 娘（むすめ） | 娘さん・お嬢さん（むすめ）（じょう） |
| 형제 / 남매 | 이 름 | 兄弟（きょうだい） | ご兄弟（きょうだい） |
| 자식 | 이 름 | 子ども（こ） | 子どもさん・お子さん（こ） |
| 손자 / 손녀 | 이 름 | 孫（まご） | お孫さん（まご） |
| 사촌 | 이 름 | いとこ | いとこさん |
| 남자 조카 | 이 름 | おい | おいごさん |
| 여자 조카 | 이 름 | めい | めいごさん |
| 남편 | あなた | 主人・夫（しゅじん）（おっと） | ご主人（しゅじん） |
| 아내 | おまえ | 妻（つま） | 奥さん・奥様（おく）（おくさま） |
| 사위 | 이름さん・<br>자녀 이름の お父さん（とう） | 婿（むこ） | お婿さん（むこ） |
| 며느리 | 이름さん・<br>자녀 이름の お母さん（かあ） | 嫁（よめ） | お嫁さん（よめ） |

102

## ④ 때를 나타내는 말

| | 日(날) | 週(주) | 月(달) | 年(해) |
|---|---|---|---|---|
| **과거** | おととい 그저께 | 先々週(せんせんしゅう) 지지난 주 | 先々月(せんせんげつ) 지지난 달 | 一昨年(おととし・いっさくねん) 재작년 |
| | 昨日(きのう) 어제 | 先週(せんしゅう) 지난주 | 先月(せんげつ) 지난달 | 去年・昨年(きょねん・さくねん) 작년 |
| **현재** | 今日(きょう) 오늘 | 今週(こんしゅう) 이번 주 | 今月(こんげつ) 이번 달 | 今年(ことし) 올해 |
| **미래** | 明日(あした・あす) 내일 | 来週(らいしゅう) 다음 주 | 来月(らいげつ) 다음 달 | 来年(らいねん) 내년 |
| | あさって 모레 | 再来週(さらいしゅう) 다다음 주 | 再来月(さらいげつ) 다다음 달 | 再来年(さらいねん) 내후년 |
| | しあさって 글피 | | | |
| **매~** | 毎日(まいにち) 매일 | 毎週(まいしゅう) 매주 | 毎月(まいげつ・まいつき) 매월, 매달 | 毎年(まいとし・まいねん) 매년 |
| **기타 표현** | 休みの日(やす ひ) 쉬는 날<br>休日(きゅうじつ) 휴일<br>公休日(こうきゅうび) 공휴일 | 週末(しゅうまつ) 주말 | 初め(はじ) 초<br>初旬・上旬(しょじゅん・じょうじゅん) 초순<br>半ば・中旬(なか・ちゅうじゅん) 중순<br>下旬(げじゅん) 하순<br>終わり(お) 말 | 年始・年初(ねんし・ねんしょ) 연시・연초<br>年の末・年末(とし すえ・ねんまつ) 연말 |

## ⑤ 조수사 1

| | 고유수 | 個(개) | 杯(잔) | 本(병·자루) | 回(회·번) |
|---|---|---|---|---|---|
| 1 | <sub>ひと</sub> 一つ | <sub>いっ こ</sub> 一個 | <sub>いっぱい</sub> 一杯 | <sub>いっぽん</sub> 一本 | <sub>いっかい</sub> 一回 |
| 2 | <sub>ふた</sub> 二つ | <sub>に こ</sub> 二個 | <sub>に はい</sub> 二杯 | <sub>に ほん</sub> 二本 | <sub>に かい</sub> 二回 |
| 3 | <sub>みっ</sub> 三つ | <sub>さん こ</sub> 三個 | <sub>さんばい</sub> 三杯 | <sub>さんぼん</sub> 三本 | <sub>さんかい</sub> 三回 |
| 4 | <sub>よっ</sub> 四つ | <sub>よん こ</sub> 四個 | <sub>よんはい</sub> 四杯 | <sub>よんほん</sub> 四本 | <sub>よんかい</sub> 四回 |
| 5 | <sub>いつ</sub> 五つ | <sub>ご こ</sub> 五個 | <sub>ご はい</sub> 五杯 | <sub>ご ほん</sub> 五本 | <sub>ご かい</sub> 五回 |
| 6 | <sub>むっ</sub> 六つ | <sub>ろっ こ</sub> 六個 | <sub>ろっぱい</sub> 六杯 | <sub>ろっぽん</sub> 六本 | <sub>ろっかい</sub> 六回 |
| 7 | <sub>なな</sub> 七つ | <sub>なな こ</sub> 七個 | <sub>ななはい</sub> 七杯 | <sub>ななほん</sub> 七本 | <sub>ななかい</sub> 七回 |
| 8 | <sub>やっ</sub> 八つ | <sub>はっこ・はちこ</sub> 八個 | <sub>はっぱい</sub> 八杯 | <sub>はちほん・はっぽん</sub> 八本 | <sub>はちかい・はっかい</sub> 八回 |
| 9 | <sub>ここの</sub> 九つ | <sub>きゅう こ</sub> 九個 | <sub>きゅうはい</sub> 九杯 | <sub>きゅうほん</sub> 九本 | <sub>きゅうかい</sub> 九回 |
| 10 | <sub>とお</sub> 十 | <sub>じ(ゅ)っ こ</sub> 十個 | <sub>じ(ゅ)っぱい</sub> 十杯 | <sub>じ(ゅ)っぽん</sub> 十本 | <sub>じ(ゅ)っかい</sub> 十回 |
| 11 | * | <sub>じゅういっ こ</sub> 十一個 | <sub>じゅういっぱい</sub> 十一杯 | <sub>じゅういっぽん</sub> 十一本 | <sub>じゅういっかい</sub> 十一回 |
| 何 | いくつ | <sub>なん こ</sub> 何個 | <sub>なんばい</sub> 何杯 | <sub>なんぼん</sub> 何本 | <sub>なんかい</sub> 何回 |

### ⑤ 조수사 2

| | 人(명) | 台(대) | 冊(권) | 歳(세·살) | 枚(장) |
|---|---|---|---|---|---|
| 1 | ひとり<br>一人 | いちだい<br>一台 | いっさつ<br>一冊 | いっさい<br>一歳 | いちまい<br>一枚 |
| 2 | ふたり<br>二人 | にだい<br>二台 | にさつ<br>二冊 | にさい<br>二歳 | にまい<br>二枚 |
| 3 | さんにん<br>三人 | さんだい<br>三台 | さんさつ<br>三冊 | さんさい<br>三歳 | さんまい<br>三枚 |
| 4 | よにん<br>四人 | よんだい<br>四台 | よんさつ<br>四冊 | よんさい<br>四歳 | よんまい<br>四枚 |
| 5 | ごにん<br>五人 | ごだい<br>五台 | ごさつ<br>五冊 | ごさい<br>五歳 | ごまい<br>五枚 |
| 6 | ろくにん<br>六人 | ろくだい<br>六台 | ろくさつ<br>六冊 | ろくさい<br>六歳 | ろくまい<br>六枚 |
| 7 | しちにん<br>七人 | ななだい<br>七台 | ななさつ<br>七冊 | ななさい<br>七歳 | ななまい<br>七枚 |
| 8 | はちにん<br>八人 | はちだい<br>八台 | はっさつ<br>八冊 | はっさい<br>八歳 | はちまい<br>八枚 |
| 9 | きゅうにん<br>九人 | きゅうだい<br>九台 | きゅうさつ<br>九冊 | きゅうさい<br>九歳 | きゅうまい<br>九枚 |
| 10 | じゅうにん<br>十人 | じゅうだい<br>十台 | じゅっさつ<br>十冊 | じゅっさい<br>十歳 | じゅうまい<br>十枚 |
| 11 | じゅういちにん<br>十一人 | じゅういちだい<br>十一台 | じゅういっさつ<br>十一冊 | じゅういっさい<br>十一歳 | じゅういちまい<br>十一枚 |
| 何 | なんにん<br>何人 | なんだい<br>何台 | なんさつ<br>何冊 | なんさい<br>何歳・いくつ | なんまい<br>何枚 |

## ❺ 조수사 3

| | 番(번) | 階(층) | 号室(호실) | 円(엔) | 泊(박) |
|---|---|---|---|---|---|
| 1 | いちばん<br>一番 | いっかい<br>一階 | いちごうしつ<br>一号室 | いちえん<br>一円 | いっぱく<br>一泊 |
| 2 | にばん<br>二番 | にかい<br>二階 | にごうしつ<br>二号室 | にえん<br>二円 | にはく<br>二泊 |
| 3 | さんばん<br>三番 | さんがい<br>三階 | さんごうしつ<br>三号室 | さんえん<br>三円 | さんぱく<br>三泊 |
| 4 | よんばん<br>四番 | よんかい<br>四階 | よんごうしつ<br>四号室 | よえん<br>四円 | よんはく<br>四泊 |
| 5 | ごばん<br>五番 | ごかい<br>五階 | ごごうしつ<br>五号室 | ごえん<br>五円 | ごはく<br>五泊 |
| 6 | ろくばん<br>六番 | ろっかい<br>六階 | ろくごうしつ<br>六号室 | ろくえん<br>六円 | ろっぱく<br>六泊 |
| 7 | ななばん<br>七番 | ななかい<br>七階 | ななごうしつ<br>七号室 | ななえん<br>七円 | ななはく<br>七泊 |
| 8 | はちばん<br>八番 | はちかい・はっかい<br>八階 | はちごうしつ<br>八号室 | はちえん<br>八円 | はっぱく<br>八白 |
| 9 | きゅうばん<br>九番 | きゅうかい<br>九階 | きゅうごうしつ<br>九号室 | きゅうえん<br>九円 | きゅうはく<br>九泊 |
| 10 | じゅうばん<br>十番 | じゅ(ゅ)っかい<br>十 階 | じゅうごうしつ<br>十号室 | じゅうえん<br>十円 | じゅ(ゅ)っぱく<br>十 泊 |
| 11 | じゅういちばん<br>十一番 | じゅういっかい<br>十一階 | じゅういちごうしつ<br>十一号室 | じゅういちえん<br>十一円 | じゅういっぱく<br>十一泊 |
| 何 | なんばん<br>何番 | なんがい・なんかい<br>何階 | なんごうしつ<br>何号室 | いくら | なんぱく<br>何泊 |

## ⑤ 조수사 4

| | ページ(페이지) | 匹(마리) | 足(켤레) | 皿(접시) |
|---|---|---|---|---|
| 1 | <ruby>いち・いっ</ruby><br>一ページ | <ruby>いっぴき</ruby><br>一匹 | <ruby>いっそく</ruby><br>一足 | <ruby>ひとさら</ruby><br>一皿 |
| 2 | <ruby>に</ruby><br>二ページ | <ruby>に ひき</ruby><br>二匹 | <ruby>に そく</ruby><br>二足 | <ruby>ふたさら</ruby><br>二皿 |
| 3 | <ruby>さん</ruby><br>三ページ | <ruby>さんびき</ruby><br>三匹 | <ruby>さんぞく</ruby><br>三足 | <ruby>み さら</ruby><br>三皿 |
| 4 | <ruby>よん</ruby><br>四ページ | <ruby>よんひき</ruby><br>四匹 | <ruby>よんそく</ruby><br>四足 | <ruby>よんさら・よさら</ruby><br>四皿 |
| 5 | <ruby>ご</ruby><br>五ページ | <ruby>ご ひき</ruby><br>五匹 | <ruby>ご そく</ruby><br>五足 | <ruby>ご さら</ruby><br>五皿 |
| 6 | <ruby>ろく・ろっ</ruby><br>六ページ | <ruby>ろっぴき</ruby><br>六匹 | <ruby>ろくそく</ruby><br>六足 | <ruby>ろくさら</ruby><br>六皿 |
| 7 | <ruby>なな</ruby><br>七ページ | <ruby>ななひき</ruby><br>七匹 | <ruby>ななそく</ruby><br>七足 | <ruby>ななさら</ruby><br>七皿 |
| 8 | <ruby>はち・はっ</ruby><br>八ページ | <ruby>はっぴき</ruby><br>八匹 | <ruby>はっそく</ruby><br>八足 | <ruby>はちさら・はっさら</ruby><br>八皿 |
| 9 | <ruby>きゅう</ruby><br>九ページ | <ruby>きゅうひき</ruby><br>九匹 | <ruby>きゅうそく</ruby><br>九足 | <ruby>きゅうさら</ruby><br>九皿 |
| 10 | <ruby>じ(ゅ)っ</ruby><br>十ページ | <ruby>じ(ゅ)っぴき</ruby><br>十匹 | <ruby>じ(ゅ)っそく</ruby><br>十足 | <ruby>じ(ゅ)っさら</ruby><br>十皿 |
| 11 | <ruby>じゅういち・じゅういっ</ruby><br>十一ページ | <ruby>じゅういっぴき</ruby><br>十一匹 | <ruby>じゅういっそく</ruby><br>十一足 | <ruby>じゅういっさら</ruby><br>十一皿 |
| 何 | <ruby>なん</ruby><br>何ページ | <ruby>なんびき</ruby><br>何匹 | <ruby>なんぞく</ruby><br>何足 | <ruby>なんさら</ruby><br>何皿 |

# ❻ 사람의 몸

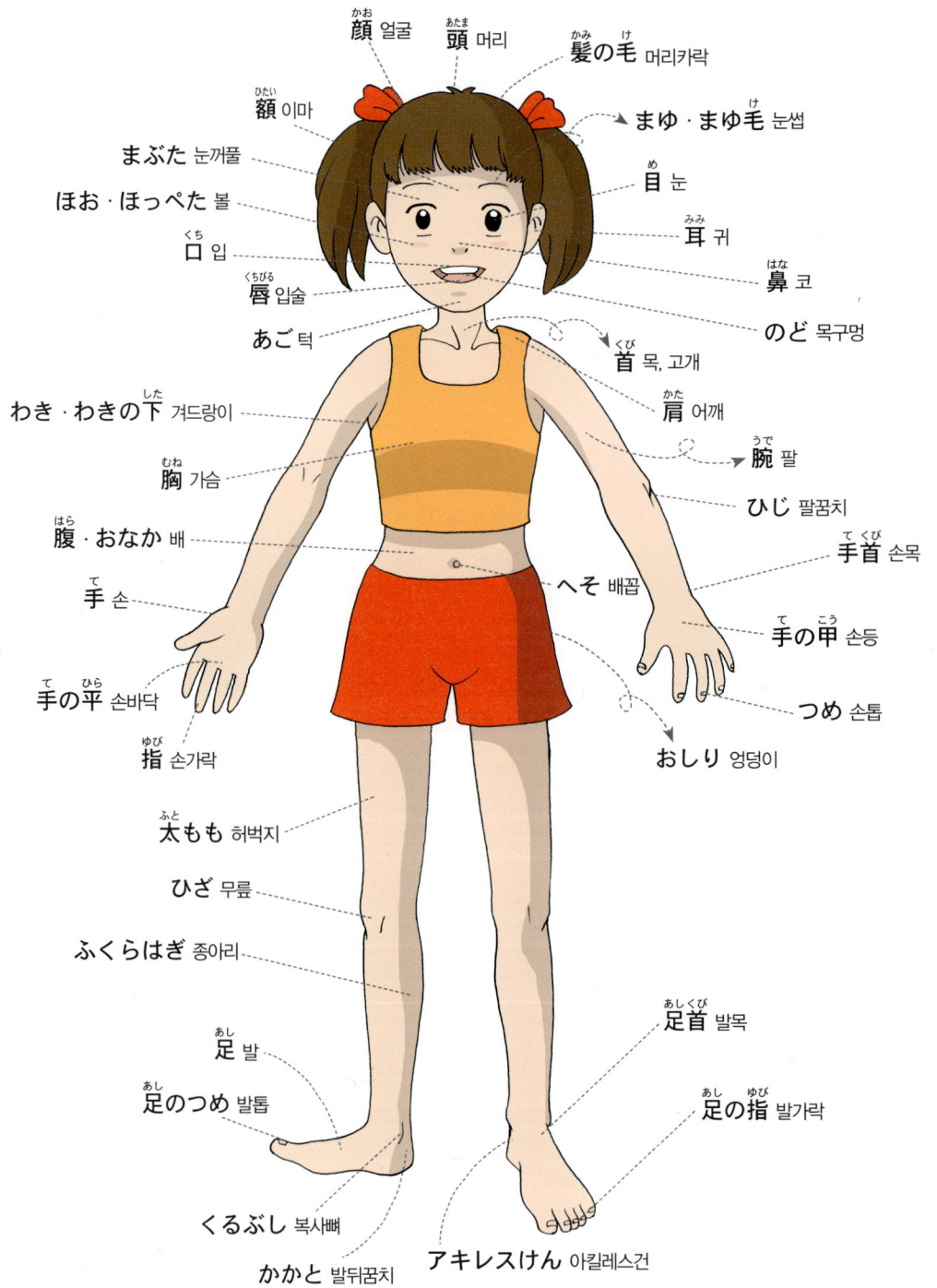

顔 얼굴
頭 머리
髪の毛 머리카락
まゆ · まゆ毛 눈썹
額 이마
目 눈
まぶた 눈꺼풀
耳 귀
ほお · ほっぺた 볼
鼻 코
口 입
のど 목구멍
唇 입술
首 목, 고개
あご 턱
肩 어깨
わき · わきの下 겨드랑이
腕 팔
胸 가슴
ひじ 팔꿈치
腹 · おなか 배
手首 손목
手 손
へそ 배꼽
手の甲 손등
手の平 손바닥
つめ 손톱
指 손가락
おしり 엉덩이
太もも 허벅지
ひざ 무릎
ふくらはぎ 종아리
足首 발목
足 발
足の指 발가락
足のつめ 발톱
くるぶし 복사뼈
かかと 발뒤꿈치
アキレスけん 아킬레스건

## ❼ 시간 읽기

| | 時(시) | | 分(분) / 秒(초) |
|---|---|---|---|
| 1 | いちじ | 1 | いっぷん / いちびょう |
| 2 | にじ | 2 | にふん / にびょう |
| 3 | さんじ | 3 | さんぷん / さんびょう |
| 4 | よじ | 4 | よんぷん / よんびょう |
| 5 | ごじ | 5 | ごふん / ごびょう |
| 6 | ろくじ | 6 | ろっぷん / ろくびょう |
| 7 | しちじ | 7 | ななふん・しちふん / ななびょう |
| 8 | はちじ | 8 | はっぷん・はちふん / はちびょう |
| 9 | くじ | 9 | きゅうふん / きゅうびょう |
| 10 | じゅうじ | 10 | じ(ゅ)っぷん / じゅうびょう |
| 11 | じゅういちじ | 20 | にじ(ゅ)っぷん / にじゅうびょう |
| 12 | じゅうにじ | 30 | さんじ(ゅ)っぷん / さんじゅうびょう |
| 何 | なんじ | 40 | よんじ(ゅ)っぷん / よんじゅうびょう |
| | | 50 | ごじ(ゅ)っぷん / ごじゅうびょう |
| | | 60 | ろくじ(ゅ)っぷん / ろくじゅうびょう |
| | | 何 | なんぷん / なんびょう |

# ❽ 숫자 읽기

| | | | | |
|---|---|---|---|---|
| 0 | ゼロ・れい | | 80 | はちじゅう |
| 1 | いち | | 90 | きゅうじゅう |
| 2 | に | | 100 | ひゃく |
| 3 | さん | | 200 | にひゃく |
| 4 | し・よん | | 300 | さんびゃく |
| 5 | ご | | 400 | よんひゃく |
| 6 | ろく | | 500 | ごひゃく |
| 7 | しち・なな | | 600 | ろっぴゃく |
| 8 | はち | | 700 | ななひゃく |
| 9 | きゅう・く | | 800 | はっぴゃく |
| 10 | じゅう | | 900 | きゅうひゃく |
| 11 | じゅういち | | 1,000 | せん |
| 12 | じゅうに | | 2,000 | にせん |
| 13 | じゅうさん | | 3,000 | さんぜん |
| 14 | じゅうし・じゅうよん | | 4,000 | よんせん |
| 15 | じゅうご | | 5,000 | ごせん |
| 16 | じゅうろく | | 6,000 | ろくせん |
| 17 | じゅうしち・じゅうなな | | 7,000 | ななせん |
| 18 | じゅうはち | | 8,000 | はっせん |
| 19 | じゅうきゅう・じゅうく | | 9,000 | きゅうせん |
| 20 | にじゅう | | 10,000 | いちまん |
| 30 | さんじゅう | | 100,000 | じゅうまん |
| 40 | よんじゅう | | 1,000,000 | ひゃくまん |
| 50 | ごじゅう | | 10,000,000 | いっせんまん |
| 60 | ろくじゅう | | 100,000,000 | いちおく |
| 70 | しちじゅう・ななじゅう | | | |

# ❾ 월·일·요일 읽기

| | | | | |
|---|---|---|---|---|
| いちがつ<br>1月 | にがつ<br>2月 | さんがつ<br>3月 | しがつ<br>4月 | ごがつ<br>5月 |
| ろくがつ<br>6月 | しちがつ<br>7月 | はちがつ<br>8月 | くがつ<br>9月 | じゅうがつ<br>10月 |
| じゅういちがつ<br>11月 | じゅうにがつ<br>12月 | なんがつ<br>何月 | | |

| | | | | |
|---|---|---|---|---|
| ついたち<br>1日 | ふつか<br>2日 | みっか<br>3日 | よっか<br>4日 | いつか<br>5日 |
| むいか<br>6日 | なのか<br>7日 | ようか<br>8日 | ここのか<br>9日 | とおか<br>10日 |
| じゅういちにち<br>11日 | じゅうににち<br>12日 | じょうさんにち<br>13日 | じゅうよっか<br>14日 | じゅうごにち<br>15日 |
| じゅうろくにち<br>16日 | じゅうしちにち<br>17日 | じゅうはちにち<br>18日 | じゅうくにち<br>19日 | はつか<br>20日 |
| にじゅういちにち<br>21日 | にじゅうににち<br>22日 | にじゅうさんにち<br>23日 | にじゅうよっか<br>24日 | にじゅうごにち<br>25日 |
| にじゅうろくにち<br>26日 | にじゅうしちにち<br>27日 | にじゅうはちにち<br>28日 | にじゅうくにち<br>29日 | さんじゅうにち<br>30日 |
| さんじゅういちにち<br>31日 | なんにち<br>何日 | | | |

| | | | | |
|---|---|---|---|---|
| にちようび<br>日曜日 일요일 | げつようび<br>月曜日 월요일 | かようび<br>火曜日 화요일 | すいようび<br>水曜日 수요일 | もくようび<br>木曜日 목요일 |
| きんようび<br>金曜日 금요일 | どようび<br>土曜日 토요일 | なんようび<br>何曜日 무슨 요일 | | |

## ❿ 주요 기본 어휘 1

### い형용사 _ 상태

① 大<sub>おお</sub>きい 크다
② 小<sub>ちい</sub>さい 작다
③ 重<sub>おも</sub>い 무겁다
④ 軽<sub>かる</sub>い 가볍다

⑤ 近<sub>ちか</sub>い 가깝다
⑥ 遠<sub>とお</sub>い 멀다
⑦ 広<sub>ひろ</sub>い 넓다
⑧ 狭<sub>せま</sub>い 좁다

⑨ 新<sub>あたら</sub>しい 새롭다
⑩ 古<sub>ふる</sub>い 낡다
⑪ 長<sub>なが</sub>い 길다
⑫ 短<sub>みじか</sub>い 짧다

⑬ よい(いい) 좋다
⑭ 悪<sub>わる</sub>い 나쁘다
⑮ 多<sub>おお</sub>い 많다
⑯ 少<sub>すく</sub>ない 적다

⑰ 明<sub>あか</sub>るい 밝다
⑱ 暗<sub>くら</sub>い 어둡다
⑲ 高<sub>たか</sub>い 비싸다
⑳ 安<sub>やす</sub>い 싸다

㉑ 美<sub>うつく</sub>しい 아름답다
㉒ 忙<sub>いそが</sub>しい 바쁘다
㉓ 汚<sub>きたな</sub>い 더럽다
㉔ 冷<sub>つめ</sub>たい 차갑다

㉕ 高<sub>たか</sub>い 높다, (키가) 크다
㉖ 低<sub>ひく</sub>い 낮다
㉗ 遅<sub>おそ</sub>い 느리다
㉘ 速<sub>はや</sub>い 빠르다

㉙ 早<sub>はや</sub>い 이르다
㉚ 強<sub>つよ</sub>い 강하다
㉛ 弱<sub>よわ</sub>い 약하다
㉜ 優<sub>やさ</sub>しい 상냥하다

㉝ かわいい 귀엽다
㉞ すばらしい 훌륭하다
㉟ 太<sub>ふと</sub>い 굵다
㊱ 細<sub>ほそ</sub>い 가늘다

㊲ 薄<sub>うす</sub>い 얇다
㊳ 厚<sub>あつ</sub>い 두껍다
㊴ 若<sub>わか</sub>い 젊다
㊵ 危<sub>あぶ</sub>ない 위험하다

㊶ すごい 대단하다
㊷ 白<sub>しろ</sub>い 하얗다
㊸ 黒<sub>くろ</sub>い 검다
㊹ 青<sub>あお</sub>い 파랗다

㊺ 赤<sub>あか</sub>い 붉다
㊻ 黄色<sub>きいろ</sub>い 노랗다

### い형용사 _ 감정

① 難<sub>むずか</sub>しい 어렵다
② 易<sub>やさ</sub>しい 쉽다
③ おもしろい 재미있다
④ つまらない 재미없다

⑤ 悲<sub>かな</sub>しい 슬프다
⑥ 嬉<sub>うれ</sub>しい 기쁘다
⑦ 痛<sub>いた</sub>い 아프다
⑧ 楽<sub>たの</sub>しい 즐겁다

⑨ 寂<sub>さび</sub>しい 외롭다, 쓸쓸하다

## い형용사 _ 미각

① 辛<sub>から</sub>い 맵다　② 酸<sub>す</sub>っぱい 시다　③ 甘<sub>あま</sub>い 달다　④ しょっぱい 짜다

⑤ 渋<sub>しぶ</sub>い 떫다　⑥ 苦<sub>にが</sub>い 쓰다　⑦ おいしい 맛있다　⑧ まずい 맛없다

## い형용사 _ 날씨

① 暖<sub>あたた</sub>かい 따뜻하다　② 暑<sub>あつ</sub>い 덥다　③ 涼<sub>すず</sub>しい 시원하다　④ 寒<sub>さむ</sub>い 춥다

## な형용사

① 上手<sub>じょうず</sub>だ 잘하다, 능숙하다　② 下手<sub>へた</sub>だ 잘 못하다, 서투르다　③ 好<sub>す</sub>きだ 좋아하다

④ 大好<sub>だいす</sub>きだ 매우 좋아하다　⑤ 嫌<sub>きら</sub>いだ 싫어하다　⑥ 便利<sub>べんり</sub>だ 편리하다

⑦ 不便<sub>ふべん</sub>だ 불편하다　⑧ 静<sub>しず</sub>かだ 조용하다　⑨ にぎやかだ 번화하다, 북적이다

⑩ 暇<sub>ひま</sub>だ 한가하다　⑪ きれいだ 예쁘다, 깨끗하다　⑫ 有名<sub>ゆうめい</sub>だ 유명하다

⑬ 親切<sub>しんせつ</sub>だ 친절하다　⑭ 元気<sub>げんき</sub>だ 건강하다　⑮ 楽<sub>らく</sub>だ 편안하다

⑯ 大変<sub>たいへん</sub>だ 큰일이다, 힘들다　⑰ 得意<sub>とくい</sub>だ 자신 있다　⑱ 苦手<sub>にがて</sub>だ 서투르다

⑲ ハンサムだ 핸섬하다, 잘생기다　⑳ 立派<sub>りっぱ</sub>だ 훌륭하다　㉑ 素敵<sub>すてき</sub>だ 멋지다

㉒ 簡単<sub>かんたん</sub>だ 간단하다, 쉽다　㉓ 複雑<sub>ふくざつ</sub>だ 복잡하다　㉔ 心配<sub>しんぱい</sub>だ 걱정스럽다

㉕ 大切<sub>たいせつ</sub>だ 중요하다　㉖ 大丈夫<sub>だいじょうぶ</sub>だ 괜찮다　㉗ まじめだ 성실하다

## 1그룹 동사

| | | | |
|---|---|---|---|
| ① 書く 쓰다 | ② 聞く 듣다, 묻다 | ③ 歩く 걷다 | ④ 引く 끌다 |
| ⑤ 急ぐ 서두르다 | ⑥ 泳ぐ 헤엄치다 | ⑦ 会う 만나다 | ⑧ 買う 사다 |
| ⑨ 洗う 씻다 | ⑩ 吸う 들이마시다 | ⑪ 歌う 노래부르다 | ⑫ 使う 사용하다, 이용하다 |
| ⑬ 言う 말하다 | ⑭ 待つ 기다리다 | ⑮ 立つ 서다 | ⑯ 乗る (탈것에) 타다 |
| ⑰ 帰る 돌아가[오]다 | ⑱ 終わる 끝나다 | ⑲ 入る 들어가[오]다 | ⑳ 取る 집다, 들다 |
| ㉑ 撮る (사진을) 찍다 | ㉒ 座る 앉다 | ㉓ 死ぬ 죽다 | ㉔ 呼ぶ 부르다 |
| ㉕ 遊ぶ 놀다 | ㉖ 読む 읽다 | ㉗ 飲む 마시다 | ㉘ 行く 가다 |
| ㉙ 話す 이야기하다 | ㉚ 押す 누르다 | ㉛ 習う 배우다 | |

## 2그룹 동사

| | | |
|---|---|---|
| ① 起きる 일어나다, 기상하다 | ② 見る 보다 | ③ 教える 가르치다 |
| ④ 食べる 먹다 | ⑤ 寝る 자다 | ⑥ 出かける 나가다 |
| ⑦ かける 걸다 | | |

## 3그룹 동사

| | | |
|---|---|---|
| ① 来る 오다 | ② (仕事を)する (일을) 하다 | ③ 勉強する 공부하다 |
| ④ 紹介する 소개하다 | ⑤ コピーする 복사하다 | ⑥ 散歩する 산책하다 |

# ⑪ おまけ(덤)

## ★ 주요 지시사(指示詞)

| こ | そ | あ | ど |
|---|---|---|---|
| こちら<br>こっち<br>이쪽 | そちら<br>そっち<br>그쪽 | あちら<br>あっち<br>저쪽 | どちら<br>どっち<br>어느 쪽[것] |
| ここ<br>여기 | そこ<br>거기 | あそこ<br>저기 | どこ<br>어디 |
| これ<br>이것 | それ<br>그것 | あれ<br>저것 | どれ<br>어느 것 |
| この<br>이 | その<br>그 | あの<br>저 | どの<br>어느 |
| こんな<br>이런 | そんな<br>그런 | あんな<br>저런 | どんな<br>어떤 |

## ★ 위치명사(位置名詞)

上 위　　中 안　　下 아래　　前 앞

後ろ 위　　左 왼쪽　　右 오른쪽　　よこ 옆

となり 옆　　そば / この辺 / ちかく 곁, 근처　　周り 주위, 주변

★ 의문사

何(なに・なん) 무엇

どこ 어디

どれ 어느 것(3개)

どちら 어느 쪽[것](2개)

だれ 누구

いつ 언제

いくつ 몇 개

いくら 얼마

どのくらい 어느 정도

どの 어느

どんな 어떤

★ 「に」를 취하는 말과 취하지 않는 말

1. 「に」를 취하지 않는 말(현재와 관계가 있는 말)

   예 今日、明日、昨日、今朝、今晩、今、いつ、今週、今月、来月、今年、来年、去年、いつも

2. 「に」를 취하는 말(현재와는 관계가 없고 시간의 흐름 속에 있는 시점이나 범위를 나타내는 말)

   예 10時に、6時15分に、3日に、2015年に、月曜日に、休みに、大学時代に

★ 서로 호응하는 말

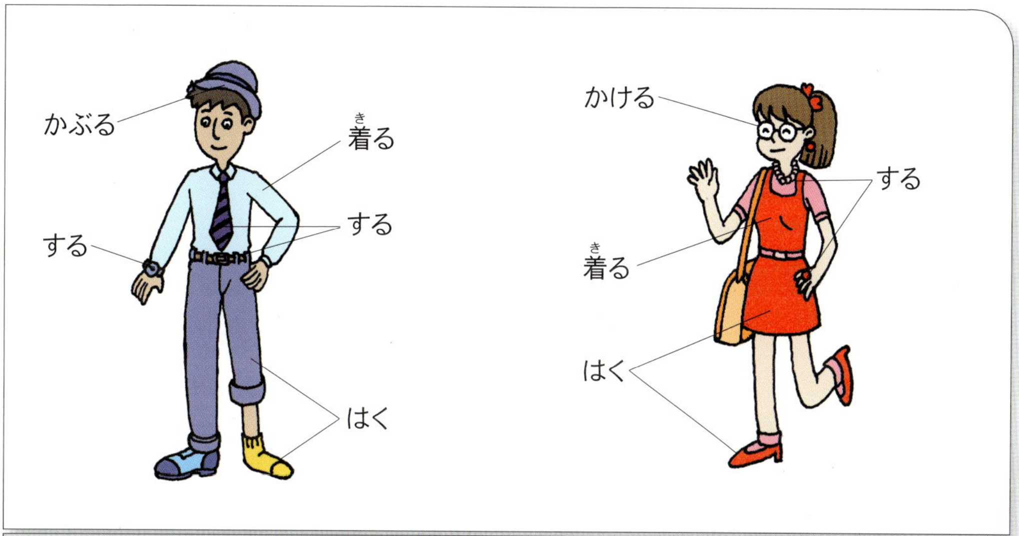

| 帽子 모자 | かぶる |
| --- | --- |

上着 윗옷, 상의
スーツ 슈트, 양복
セーター 스웨터
ブラウス 블라우스
シャツ 셔츠
ワンピース 원피스
着物 기모노(일본의 전통 의상)
— 着る

ズボン 바지
ジーパン 청바지
— はく

イヤリング 귀고리
ネックレス 목걸이
ネクタイ 넥타이
ベルト 벨트
時計 시계
指輪 반지
— する

眼鏡 안경 — かける

スカート 스커트, 치마
靴下 양말
靴 구두, 신발
— はく

かぶる　着る　する　かける　着る　はく

## ⑫ 본문 회화 해석&연습문제 정답

<table>
<tr><td>01</td><td>はじめまして</td></tr>
</table>

**본문 회화 해석 ▶ p.25**

김영진 : 이미나 씨, 안녕하세요.
이미나 : 아, 김영진 씨, 안녕하세요.
김영진 : 이미나 씨, 이쪽은 본사의 다카하시 씨예요.
다카하시 : 처음 뵙겠습니다. 다카하시입니다.
　　　　 잘 부탁드립니다.
김영진 : 다카하시 씨, 이쪽은 이미나 씨예요.
이미나 : 처음 뵙겠습니다. 이미나입니다.
　　　　 저야말로 잘 부탁드려요.

**연습문제 정답 ▶ p.26**

1 ① わたしは 山下です。
　② わたしは かんこくじんです。
　③ わたしは かいしゃいんです。
　④ わたしは がくせいです。

2 ① 高橋さんは がくせいですか。
　② かれは かんこくじんですか。
　③ 李さんは かいしゃいんですか。
　④ かのじょは ちゅうごくじんですか。

3 ① わたしは 朴です。金ではありません。
　② わたしは 高橋です。田中ではありません。
　③ かのじょは かいしゃいんです。がくせいでは
　　 ありません。
　④ かれは がくせいです。かいしゃいんではあり
　　 ません。

4 ① はじめまして。金です。どうぞ よろしく。
　② はじめまして。田中です。どうぞ よろしく。
　③ はじめまして。リンです。どうぞ よろしく。
　④ はじめまして。〇〇です。どうぞ よろしく。

5 ① A：すみません。高橋さんですか。
　　 B1：はい、そうです。高橋です。

　② A：すみません。かんこくじんですか。
　　 B1：はい、そうです。かんこくじんです。
　③ A：すみません。にほんじんですか。
　　 B2：いいえ、ちがいます。にほんじんではあ
　　　　 りません。
　④ A：すみません。かいしゃいんですか。
　　 B2：いいえ、ちがいます。かいしゃいんでは
　　　　 ありません。

<table>
<tr><td>02</td><td>これは 何ですか</td></tr>
</table>

**본문 회화 해석 ▶ p.31**

다카하시 : 김영진 씨, 이건 당신 자동차예요?
김영진 : 아니요, 제 것이 아니에요.
다카하시 : 그럼, 누구 거예요?
김영진 : 아버지 거예요.
다카하시 : 한국 자동차인가요?
김영진 : 네, YBM 거예요.
다카하시 : 김영진 씨, 이건 뭐예요?
김영진 : 네? 어느 것 말이에요?
다카하시 : 이거요, 이거.
김영진 : 아-, 그거요. 그건 카 내비게이션이에요.

**연습문제 정답 ▶ p.32**

1 ① これは えです。
　② それは すきやきです。
　③ あれは つくえです。

2 ① それは ケータイです。
　② これは キムチチゲです。
　③ あれは おにぎりです。

3 ① それ、きもの、きもの
　② あれ、れいめん、れいめん

4 ① それは ともだちの しゃしんです。/
　　 それは ともだちのです。

② これは せんぱいの ノートパソコンです。/
　これは せんぱいのです。
③ あれは わたしの ケータイです。/
　あれは わたしのです。

## 03　いくらですか

### 본문 회화 해석 ▶ p.37

점원　　　: 어서 오세요.
다카하시 : 저기요. 이건 주먹밥이에요?
점원　　　: 예, 그렇습니다.
다카하시 : 내용물은 뭐예요?
점원　　　: 참치입니다.
다카하시 : 이것도 참치예요?
점원　　　: 아니요, 그건 김치입니다.
다카하시 : 얼마예요?
점원　　　: 참치는 800원이고, 김치는 700원입니다.
다카하시 : 그럼, 참치를 두 개, 김치를 한 개 주세요.
점원　　　: 참치를 두 개, 김치를 하나죠. 전부해서 2,300원입니다. 감사합니다.

### 연습문제 정답 ▶ p.38

1 ① A : バナナは いくらですか。
　　 B : ろっぴゃく円です。
　 ② A : ハンバーガーは いくらですか。
　　 B : にひゃくはちじゅう円です。
　 ③ A : Tシャツは いくらですか。
　　 B : さんぜんはっぴゃく円です。
　 ④ A : マフラーは いくらですか。
　　 B : ごせん円です。

2 ① ふたつ　　② いつつ　　③ ななつ
　 ④ ここのつ　　⑤ じゅうに

3 ① これは ホットコーヒーで、それは アイスコーヒーです。
　 ② アイスクリームは 1,800ウォンで、ケーキは 23,000ウォンです。
　 ③ こちらは 山下さんで、そちらは 金さんです。

4 ② ① ⑤ ④

## 04　きれいな 人ですね

### 본문 회화 해석 ▶ p.43

다카하시 : 김영진 씨, 이미나 씨는 예쁜 사람이네요.
김영진　 : 네, 게다가 아주 친절해요.
다카하시 : 김영진 씨 애인이에요?
김영진　 : 아니요, 애인이 아니에요. 친구예요.
다카하시 : 에이, 정말이에요?
김영진　 : 정말이에요, 거짓말이 아니에요.
다카하시 : 아하하. 그런데 김영진 씨는 어떤 사람을 좋아해요?
김영진　 : 음-, 요리를 잘하는 사람이요.
다카하시 : 이미나 씨는 요리를 잘 못하나요?
김영진　 : 잘 못해요, 서툴러요.

### 연습문제 정답 ▶ p.44

1 ① かれは ハンサムです。
　　 かのじょは きれいです。
　 ② バナナは 好きです。
　　 にんじんは きらいです。
　 ③ テニスは 上手です。
　　 ゴルフは 下手です。
　 ④ 料理は 得意です。
　　 スポーツは 苦手です。

2 ① この きかいは 便利な きかいです。
　 ② その 料理は 得意な 料理です。
　 ③ あの まちは にぎやかな まちです。

3 ① ゴルフは 上手では[じゃ]ありません。下手です。
　 ② 魚は 好きでは[じゃ]ありません。きらいです。

4 ① きれいな へやです。
　 ② 有名な 歌手です。
　 ③ 親切な 人です。

## 05　そちらの 生活は どうですか

### 본문 회화 해석 ▶ p.49

안녕. 다카하시 씨, 잘 지내요?
이쪽은 모두 잘 지내요.

그런데 그쪽 생활은 어때요? 즐거워요?

서울 분들은 모두 어때요?

혼자서 외롭지 않나요?

식사는 어때요?

맛있어요?

김치는 맵지 않아요?


서울은 어떤 곳이에요?

번화한 도시인가요?

한가할 때 메일 주세요.

본사 스즈키 유미

## 연습문제 정답 ▶ p.50

1　① りょこうは 楽しいです。

　② とうがらしは 辛いです。

　③ ぶっかは たかいです。

　④ コンピューターゲームは おもしろいです。

　⑤ そらは あおいです。

2　① うすい セーターは さむいです。

　② ひろい へやは いいです。

　③ ながい 文は むずかしいです。

　④ あおい みかんは すっぱいです。

3　① B1: いいえ、あまくありません。辛いです。

　　B2: いいえ、あまくないです。辛いです。

　② B1: いいえ、大きくありません。小さいです。

　　B2: いいえ、大きくないです。小さいです。

　③ B1: いいえ、近くありません。遠いです。

　　B2: いいえ、近くないです。遠いです。

　④ B1: いいえ、やすくありません。たかいです。

　　B2: いいえ、やすくないです。たかいです。

　⑤ B1: いいえ、つまらなくありません。

　　　おもしろいです。

　　B2: いいえ、つまらなくないです。

　　　おもしろいです。

---

**06**　どちらが 好きですか

### 본문 회화 해석 ▶ p.55

이미나　：다카하시 씨, 고기와 생선 중에서 어느 쪽을 좋아해요?

다카하시 : 둘 다 좋아해요. 이미나 씨는요?

이미나　 : 저는 고기 쪽을 좋아해요.

다카하시 : 그래요? 한국은 고기 요리가 맛있으니까요.
　　　　　고기 중에서는 뭘 제일 좋아해요?

이미나　 : 음ー, 역시 쇠고기죠. 다카하시 씨는 어때요?

다카하시 : 저도 쇠고기예요. 특히 양념갈비를 좋아해요.

이미나　 : 일본인은 어떤 고기 요리를 좋아해요?

다카하시 : 글쎄요. 스키야키랑 샤브샤브겠죠.
　　　　　그렇지만 일본에서도 한국식 갈비가 대인기예요.

## 연습문제 정답 ▶ p.56

1　① B：メロンの 方が 大きいです。

　② B：英語の 方が 難しいです。

　③ B：ロシアの 方が 寒いです。

　④ B：ひらがなの 方が 簡単です。

2　① A：どれ
　　 B：飛行機が 一番 速いです。

　② A：いつ
　　 B：○○が 一番 好きです。

　③ A：どこ
　　 B：濟州道が 一番 暖かいです。

　④ A：何
　　 B：○○が 一番 好きです。

　⑤ A：何
　　 B：○○が 一番 上手です。

---

**07**　花や 木が あります

### 본문 회화 해석 ▶ p.61

여기는 지구입니다.

지구에는 사람이랑 동물이 있습니다.

지구에는 꽃이랑 나무가 있습니다.

그리고 바다랑 산도 있습니다.


지구는 깨끗한 곳입니다.

신록이 많이 있습니다.


지구는 아름다운 곳입니다.

물도 풍부합니다.

우리의 아름다운 지구가

언제까지나 여기에 있기를.


그리고 우리가

언제까지나 여기에 있기를.

연습문제 정답 ▶ p.62

1 ① あります　　② あります
　 ③ います　　　④ あります

2 ① が あります　② が あります
　 ③ は ありません ④ が あります
　 ⑤ が あります

3 ① 後ろ　　　② 右　　　③ 左
　 ④ 横　　　　⑤ 周り

---

08 何を しますか

본문 회화 해석 ▶ p.67

김영진　：다카하시 씨, 내일은 뭘 해요?
다카하시：집에서 TV를 봐요.
김영진　：뭘 봐요?
다카하시：스모를 봐요.
김영진　：어, 일본의 씨름 말이에요?
다카하시：예, 재미있어요.
김영진　：스모는 몇 시부터 몇 시까지예요?
다카하시：오후 1시부터 6시까지예요.
김영진　：그럼, 7시에 우리 집에 오지 않을래요?
다카하시：네? 김영진 씨 집에요?
김영진　：네, 제가 김치찌개를 만들 테니까 같이 먹지 않을래요?
다카하시：오~, 그거 고맙네요.

연습문제 정답 ▶ p.68

1 ① 今、しちじ よんじゅっぷんです。
　 ② 今、くじ ごふんです。
　 ③ 今、じゅうじ さんじゅっぷんです。/
　 　　今、じゅうじ はんです。
　 ④ 今、じゅういちじ ごじゅっぷんです。/
　 　　今、じゅうにじ じゅっぷん 前です。

2 ① に　　　② を　　　③ へ
　 ④ を　　　⑤ に　　　⑥ へ
　 ⑦ で　　　⑧ と　　　⑨ に

3 ① B：6時 30分に 顔を 洗います。/
　 　　6時 半に 顔を 洗います。

---

② B：7時に 食べます。
③ B：7時 30分に 行きます。/
　　　7時 半に 行きます。
④ B：9時から 6時までです。
⑤ B：6時 20分に 帰ります。
⑥ B：8時から 9時まで 見ます。
⑦ B：9時 10分から 10時まで 読みます。
⑧ B：11時に 寝ます。

---

09 何か 買いましたか

본문 회화 해석 ▶ p.73

다카하시：이미나 씨, 인사동은 좋은 곳이군요.
이미나　：네? 다카하시 씨, 인사동에 (갔어요)?
다카하시：예, 갔어요.
이미나　：그래요? 어땠어요?
다카하시：재미있었어요. 『문화의 거리』를 걸었어요.
이미나　：북적였나요?
다카하시：예, 매우 북적였어요.
　　　　　인사동에는 다양한 가게가 있더군요.
이미나　：뭔가 샀어요?
다카하시：아니요, 아무것도 사지 않았어요.
　　　　　전통 찻집에서 한국 차를 마셨어요.
　　　　　가게 인테리어도 한국적이라서 좋았어요.

연습문제 정답 ▶ p.74

1 ① デートしました。
　 ② 飲みました。
　 ③ でかけました。
　 ④ 来ました。

2 ① 水曜日でした。
　 ② いい 天気でした。
　 ③ 有名でした。
　 ④ ハンサムでした。

3 ① 飲みませんでした。
　 ② でかけませんでした。
　 ③ 来ませんでした。
　 ④ 雨ではありませんでした。
　 ⑤ 上手ではありませんでした。
　 ⑥ おもしろくありませんでした。

4 ① アニメは おもしろかったです。
　② 日本語は 難しかったです。
　③ サイクリングは 楽しかったです。
　④ あの 車は よかったです。

5 ① きのうの アニメは おもしろくなかったです。
　② 先週の パーティーは 楽しくなかったです。
　③ きのうの 天気は よくなかったです。
　④ コンサートの チケットは 高くなかったです。

4 ① ねぎは 食べたくありません。
　② ビールは 飲みたくありません。
　③ あの ことは 忘れたくありません。
　④ きょうは 帰りたくありません。

5 ① B1: ほしいです。
　② B2: ほしくありません。
　③ B1: ほしいです。
　④ B2: ほしくありません。

| 10 | ゆっくり 休みたいです |

**본문 회화 해석 ▶ p.79**

김영진　：이번 주는 바빴죠?
다카하시：맞아요. 주말에는 푹 쉬고 싶네요.
김영진　：다카하시 씨, 온천에라도 가지 않을래요?
다카하시：온천이요? 좋죠. 게다가 맛있는 것도 먹고 싶네요.
김영진　：그럼, 이천이 좋겠네요.
다카하시：서울에서 가까워요?
김영진　：네, 1시간 정도예요. 이천은 도자기도 유명해요.
다카하시：그래요? 도자기도 갖고 싶네요.
　　　　　아~아, 빨리 이천에 가고 싶구나.

**연습문제 정답 ▶ p.80**

1 ① 行きたいです。
　② 泳ぎたいです。
　③ 話したいです。
　④ 待ちたいです。
　⑤ 死にたいです。
　⑥ 飲みたいです。

2 ① 起きたいです。
　② 教えたいです。
　③ 寝たいです。
　④ 来たいです。
　⑤ 運動したいです。
　⑥ 旅行したいです。

3 ① 出前を お願いしたいです。
　② いっぱい 飲みたいです。
　③ 旅行に 行きたいです。
　④ 日本語を 勉強したいです。

| 11 | にぎやかで、とても 楽しい町ですよ |

**본문 회화 해석 ▶ p.85**

메일, 고마워요.
나도 잘 지내요.

서울은 번화하고
매우 즐거운 도시예요.
그리고 식사도 매우 맛있어요.
김치는 조금 맵지만 맛있어요.

서울 지점의 김영진 씨는 재미있고
친절한 사람이에요.
지난주에 함께 온천에 갔어요.

내 아파트는 사당에 있어요.
집에서 사당역까지 걸어서 10분이에요.
사당역에서 지하철을 타서 교대(역)에서 3호선으로
갈아타고 회사까지 가요.
그럼, 오늘은 이쯤에서.

서울에서 다카하시

**연습문제 정답 ▶ p.86**

1 ① 泳いで　　② 帰って　　③ 行って
　④ 死んで　　⑤ 押して　　⑥ 寝て
　⑦ かけて　　⑧ 来て　　　⑨ 紹介して

2 ① 青くて　　② 広くて　　③ 深くて
　④ よくて　　⑤ 細くて　　⑥ 元気で
　⑦ 便利で　　⑧ 丈夫で　　⑨ まじめで

3 ① タクシーに 乗って家へ 帰ります。
　② 友だちに 会ってレストランに 入ります。
　③ 図書館へ 行って勉強します。

④ 6時に起きて7時にご飯を食べます。
⑤ 宿題をしてテレビを見ます。
⑥ 歯をみがいて顔を洗います。

4 ① A : あの、ソンスへ行きたいですが、どうやって行きますか。
B : まず1号線に乗って、シンソルドンで2号線に乗り換えてソンスで降ります。
② A : あの、ソウル大入口へ行きたいですが、どうやって行きますか。
B : まず4号線に乗って、サダンで2号線に乗り換えてソウル大入口で降ります。

**12 いつもネットで買っています**

본문 회화 해석 ▶ p.91

다카하시 : 김영진 씨, 큰 서점은 어디에 있어요?
김영진　 : 종로에 있어요. 책을 살려고요?
다카하시 : 예. 보고 싶은 책이 있어요.
김영진　 : 책은 인터넷에서도 팔고 있어요[팔아요].
다카하시 : 아―, 그렇죠.
김영진　 : 예, 저는 항상 인터넷에서 사고 있어요[사요].
다카하시 : 그래요? 그럼, 김영진 씨가 이용하는 사이트를 가르쳐 주세요.
김영진　 : 지금 마침 그 사이트를 보고 있어요. 싸고 좋아요.
다카하시 : 얼마나 싸요?
김영진　 : 10% 정도 싸요.
다카하시 : 그거 좋네요. 그럼, 저도 바로 인터넷에서 살게요.

연습문제 정답 ▶ p.92

1 ① 歯をみがいています。
② ごはんを食べています。
③ お酒を飲んでいます。
④ メールを書いています。
⑤ 部屋を掃除しています。
⑥ 顔を洗っています。

2 ① ワンピースを着ています。
② スカートをはいています。
③ 帽子をかぶっています。
④ 眼鏡をかけています。
⑤ ネクタイをしています。

⑥ かばんを持っています。

3 ① Tシャツを着て、ズボンをはいて、帽子をかぶって、眼鏡をかけている人が朴さんです。
② スーツを着て、ネクタイをしている人が金さんです。

4 ① 黄さんは歯をみがいています。
② 高橋さんは料理をしています。

5 ① 車は駐車場に止めてください。
② ちょっと待ってください。
③ ここに書いてください。
④ 4時までに来てください。
⑤ 説明をしてください。
⑥ 住所を教えてください。

6 ① 待ちましょう
② 入りましょう
③ 考えましょう
④ 手伝いましょう
⑤ 行きましょう

## ⑬ 듣기 훈련 스크립트&정답

### 01 はじめまして p.28

**스크립트 ▶**

1 れい はじめまして。李・ミナです。どうぞ よろしく。

① はじめまして。高橋たくやです。どうぞ よろしく。

② はじめまして。金・ヨンジンです。かいしゃいんです。よろしく おねがいします。

③ はじめまして。鈴木ゆみです。にほんじんです。どうぞ よろしく おねがいします。

2 れい わたしは 田中です。わたしは がくせいではありません。かいしゃいんです。

① 男：李さんは ちゅうごくじんですか。

女：いいえ。李さんは ちゅうごくじんではありません。かんこくじんです。

② 金さん、こちらは 鈴木さんです。大学の 先生です。

③ 女：山下さんは かいしゃいんですか。

男：いいえ。わたしは かいしゃいんではありません。がくせいです。

**정답 ▶**

1 ② ③ ①
2 ① ― ⓐ ② ― ⓑ ③ ― ⓒ

### 02 これは 何ですか p.34

**스크립트 ▶**

1 れい 女：こくばんは どれですか。

男：それです。

① 女：こくばんけしは どれですか。

男：それです。

② 女：テレビは どれですか。

男：あれです。

③ 女：ケータイは どれですか。

男：これです。

2 れい 男：それは ノートですか。

女：いいえ、ちがいます。

男：何ですか。

女：これは 本です。

① 男：それは 日本の カメラですか。

　　女：いいえ、これは 韓国の カメラです。

　　男：そうですか。韓国の カメラですか。

② 女：あれは 山下さんの くるまですか。

　　男：いいえ、わたしのじゃありません。

　　女：じゃ、だれの くるまですか。

　　男：田中さんのです。

1 こくばんけし ― ①　テレビ ― ②　ケータイ ― ③

2 ① ○　② ×

## 03　いくらですか p.40

스크립트 ▶

1 れい　912 円です。

　① 3,650 円です。

　② 1,819 円です。

　③ 16,307 円です。

　④ 64 円です。

2 (1) 男：あの、ケーキは いくらですか。

　　 女：ひとつ 350 円です。

　　 男：じゃ、みっつ ください。

　(2) 女：すみません。りんごと バナナは いくらですか。

　　　男：りんごは 300円で、バナナは 600円です。

　　　女：じゃ、りんご ふたつ ください。

정답 ▶

1 ① 3,650　② 1,819　③ 16,307　④ 64

2 (1) ③　(2) ③

## 04　きれいな 人ですね p.46

스크립트 ▶

1 れい　男：好きな 果物は。

　　　　女：好きな 果物ですか。バナナです。

① 男：好きな 料理は。

　　女：好きな 料理ですか。すきやきです。

② 男：好きな お酒は。

　　女：好きな お酒ですか。しょうちゅうです。

③ 男：好きな 季節は。

　　女：好きな 季節ですか。ふゆです。

2 ① 男：鈴木さん、歌は 上手ですか。

　　女：いいえ、上手じゃありません。下手です。

② 男：李さん、料理は 得意ですか。

　　女：はい、得意です。

　　男：そうですか。得意な 料理は 何ですか。

　　女：スパゲッティです。

정답 ▶

1 ① すきやき　② しょうちゅう　③ ふゆ

2 ① a　② a

---

**05　そちらの 生活は どうですか** p.52

스크립트 ▶

1 れい　大きいです。小さいです。

　① たかいです。やすいです。

　② おもいです。かるいです。

　③ 得意です。苦手です。

　④ きれいです。きたないです。

2 れい　男：田中さんの 部屋は ひろいですか。

　　　　女：いいえ、ひろくありません。せまいです。

　① 男：李さんの くつは あたらしいですか。

　　女：はい、あたらしいです。

　② 女：山下さん、ゴルフは おもしろいですか。

　　男：いいえ、おもしろくありません。つまらないです。

정답 ▶

1 ③　④　①　②

2 ① ○　② ×

## 06 どちらが 好きですか p.58

**스크립트 ▶**

1 **れい** 男：どこが 一番 高いですか。

女：フランスが 一番 高いです。

① 男：韓国と フランスと どちらが 少ないですか。

女：韓国の 方が 少ないです。

② 男：どこが 一番 低いですか。

女：オランダが 一番 低いです。

③ 男：アメリカと 日本と どちらが 高いですか。

女：日本の 方が 高いです。

2 男：李さんと 鈴木さんと どちらが かみが 長いですか。

女：鈴木さんの 方が 長いです。

男：5人の 中で だれが 一番 背が 高いですか。

女：山下さんです。

**정답 ▶**

1 ① 韓国 ② オランダ ③ 日本
2 ① 山下 ④ 鈴木

## 07 花や 木が あります p.64

**스크립트 ▶**

1 男：こうちゃ ありますか。

女：いいえ、(ありません)。

男：コーヒーは ありますか。

女：はい、(あります)。

男：では、コーヒーを おねがいします。

女：はい、(ありがとう)ございます。

2 **れい** 男：あっ、ねこが います。

女：ああ、ほんとう。つくえの 下に いますね。

① 男：すみません。コンビニは どこですか。

女：コンビニは 銀行の 後ろに ありますよ。

② 男：もしもし、鈴木さんですか。

女：あっ、金さん。今 どこですか。

男：花屋の 前に います。

1 ありません、あります、ありがとう

2 ① b ② a

## 08 何を しますか p.70

1 れい 男 : 田中さんの 会社は 何時から 何時までですか。

　　　　女 : 9時から 6時までです。

　① 男 : 金さん、郵便局は 何時から 何時までですか。

　　 女 : ええっと、9時から 4時までです。

　　 男 : ああ、そうですか。どうも。

　② 女 : はい、ソラ銀行です。

　　 男 : すみません、午後は 何時までですか。

　　 女 : 4時 半までです。

　　 男 : 朝は 何時からですか。

　　 女 : 10時からです。

2 れい1 田中さんは、毎朝 7時に (起きます)。

　 れい2 朝ごはんは パンと ミルクを (食べます)。

　① 8時に 会社へ (行きます)。

　② 午後 7時に 家へ (帰ります)。

　③ 9時から 10時まで テレビを (見ます)。

　④ 夜、11時に (寝ます)。

1 ① 9時、4時　② 10時、4時 半

2 ① 行きます　② 帰ります　③ 見ます　④ 寝ます

## 09 何か 買いましたか p.76

1 (1) ① 男 : 明日 どこかへ 行きますか。

　　　　女 : 図書館へ (行きます)。

　　② 男 : 明日 何を しますか。

　　　　女 : テニスを (します)。

　　③ 男 : あなたは 毎日 何を しますか。

女：私は 毎日 音楽を (聞きます)。

④ 男：きょう どこかへ 行きますか。

女：きょうは どこへも (行きません)。

(2)① 男：きのう どこかへ 行きましたか。

女：きのうは どこへも (行きませんでした)。

② 男：きのうは 何を しましたか。

女：映画を (見ました)。

③ 男：ゆうべ 日本語を 勉強しましたか。

女：私は ゆうべ 日本語を (勉強しませんでした)。

④ 男：金さんは ゆうべ 何を 飲みましたか。

女：かれは ゆうべ ビールを (飲みました)。

2 れい 男：あの 新しい レストランは どうでしたか。

女：ええ、おいしかったです。インテリアも よかったですよ。

① 男：日本語の テストは どうでしたか。

女：とても 難しかったですよ。

② 男：旅行は どうでしたか。

女：楽しくなかったです。部屋も あまり きれいじゃありませんでした。

## 정답 ▶

1 (1)① ― ⓒ  ② ― ⓓ  ③ ― ⓑ  ④ ― ⓐ  (2)① ― ⓐ  ② ― ⓒ  ③ ― ⓓ  ④ ― ⓑ

2 ① b  ② a

---

## 10   ゆっくり 休みたいです p.82

## 스크립트 ▶

1 金 ：李さん、ほしい ものは 何ですか。

李 ：私は 素敵な マフラーが ほしいです。

金 ：高橋さんは 何が ほしいですか。

高橋：そうですね。大きい 車が ほしいですね。

ところで、金さんは 何が ほしいですか。

金 ：私は お金が ほしいですよ。

2 (1)田中：金さん、今 何が 一番 (ほしい)ですか。

金 ：新しい パソコンが (ほしい)です。

田中さんは 何が (ほしい)ですか。

田中：そうですね。ぼくが 一番 (ほしい) ものは 時間です。

(2)鈴木：李さん、お昼は 何が (食べたい)ですか。

李　：う～ん。スパゲッティが いいですね。
　　　鈴木さんは。
鈴木：私は カレーライスが (食べたい)ですね。

──────────────────────────────────────
1 ① ─ ⓑ　② ─ ⓒ　③ ─ ⓐ
2 (1) ほしい　(2) 食べたい

---

## 11 にぎやかで、とても楽しい町ですよ　p.88

──────────────────────────────────────

1 れい 青くて、広くて、深いものは何ですか。
　① 細くて、長くて、黒いものは何ですか。
　② 赤くて、青くて、黄色いものは何ですか。
　③ ハンサムで、有名で、素敵な人はだれですか。
　④ 便利で、安くて、速いものは何ですか。

2 (1) 男：日曜日は何をしましたか。
　　　女：友だちとレストランへ行って、ビールを飲んで、映画を見ました。
　(2) 女：日本に行って何をしましたか。
　　　男：おすしを食べて、相撲を見て、温泉に入ってゆっくり休みました。

──────────────────────────────────────
1 鉛筆のしん ─ ①　信号 ─ ②　地下鉄 ─ ④　木村タクヤ ─ ③
2 (1)③ ① ②　(2)③ ② ①

---

## 12 いつもネットで買っています　p.94

──────────────────────────────────────

1 金：李さん、佐藤さんは何をしていますか。
　李：ピアノを弾いています。
　金：李さん、カンさんは何をしていますか。
　李：電話をかけています。
　金：ホンさんは。
　李：日本語の勉強をしています。
　金：それじゃ、鈴木さんは何をしていますか。
　李：タバコを吸っていますよ。
　金：寝ている人は田中さんですか。

李：はい、そうです。

金：新聞を読んでいる人は。

李：高橋さんです。

2 れい 日本語を(教えて)ください。

① どうぞ、たくさん(食べて)ください。

② 鉛筆で(書いて)ください。

③ タクシーを(呼んで)ください。

정답 ▶

1 ① ホン　② 田中　③ カン　④ 高橋　⑤ 鈴木
2 ① 食べて　② 書いて　③ 呼んで

## ⑭ 단어 색인

교재에 나온 새로운 단어를 오십음도순으로 정리했습니다.
①은 1그룹 동사, ②은 2그룹 동사, ③은 3그룹 동사입니다.

New

쉽고 빠르게 배우는

# 초스피드
# 일·본·어

펜맨십

YBM YBM 홀딩스

## 히라가나(ひらがな)

|  | あ단 | い단 | う단 | え단 | お단 |
|---|---|---|---|---|---|
| あ행 | あ [a] | い [i] | う [u] | え [e] | お [o] |
| か행 | か [ka] | き [ki] | く [ku] | け [ke] | こ [ko] |
| さ행 | さ [sa] | し [shi] | す [su] | せ [se] | そ [so] |
| た행 | た [ta] | ち [chi] | つ [tsu] | て [te] | と [to] |
| な행 | な [na] | に [ni] | ぬ [nu] | ね [ne] | の [no] |
| は행 | は [ha] | ひ [hi] | ふ [hu/fu] | へ [he] | ほ [ho] |
| ま행 | ま [ma] | み [mi] | む [mu] | め [me] | も [mo] |
| や행 | や [ya] |  | ゆ [yu] |  | よ [yo] |
| ら행 | ら [ra] | り [ri] | る [ru] | れ [re] | ろ [ro] |
| わ행 | わ [wa] |  |  |  | を [wo] |

ん [n]

# 가타카나(カタカナ)

|  | ア단 | イ단 | ウ단 | エ단 | オ단 |
|---|---|---|---|---|---|
| ア행 | ア [a] | イ [i] | ウ [u] | エ [e] | オ [o] |
| カ행 | カ [ka] | キ [ki] | ク [ku] | ケ [ke] | コ [ko] |
| サ행 | サ [sa] | シ [shi] | ス [su] | セ [se] | ソ [so] |
| タ행 | タ [ta] | チ [chi] | ツ [tsu] | テ [te] | ト [to] |
| ナ행 | ナ [na] | ニ [ni] | ヌ [nu] | ネ [ne] | ノ [no] |
| ハ행 | ハ [ha] | ヒ [hi] | フ [hu/fu] | ヘ [he] | ホ [ho] |
| マ행 | マ [ma] | ミ [mi] | ム [mu] | メ [me] | モ [mo] |
| ヤ행 | ヤ [ya] |  | ユ [yu] |  | ヨ [yo] |
| ラ행 | ラ [ra] | リ [ri] | ル [ru] | レ [re] | ロ [ro] |
| ワ행 | ワ [wa] |  |  |  | ヲ [wo] |

| ン [n] |
|---|

# 히라가나

---

ひらがな

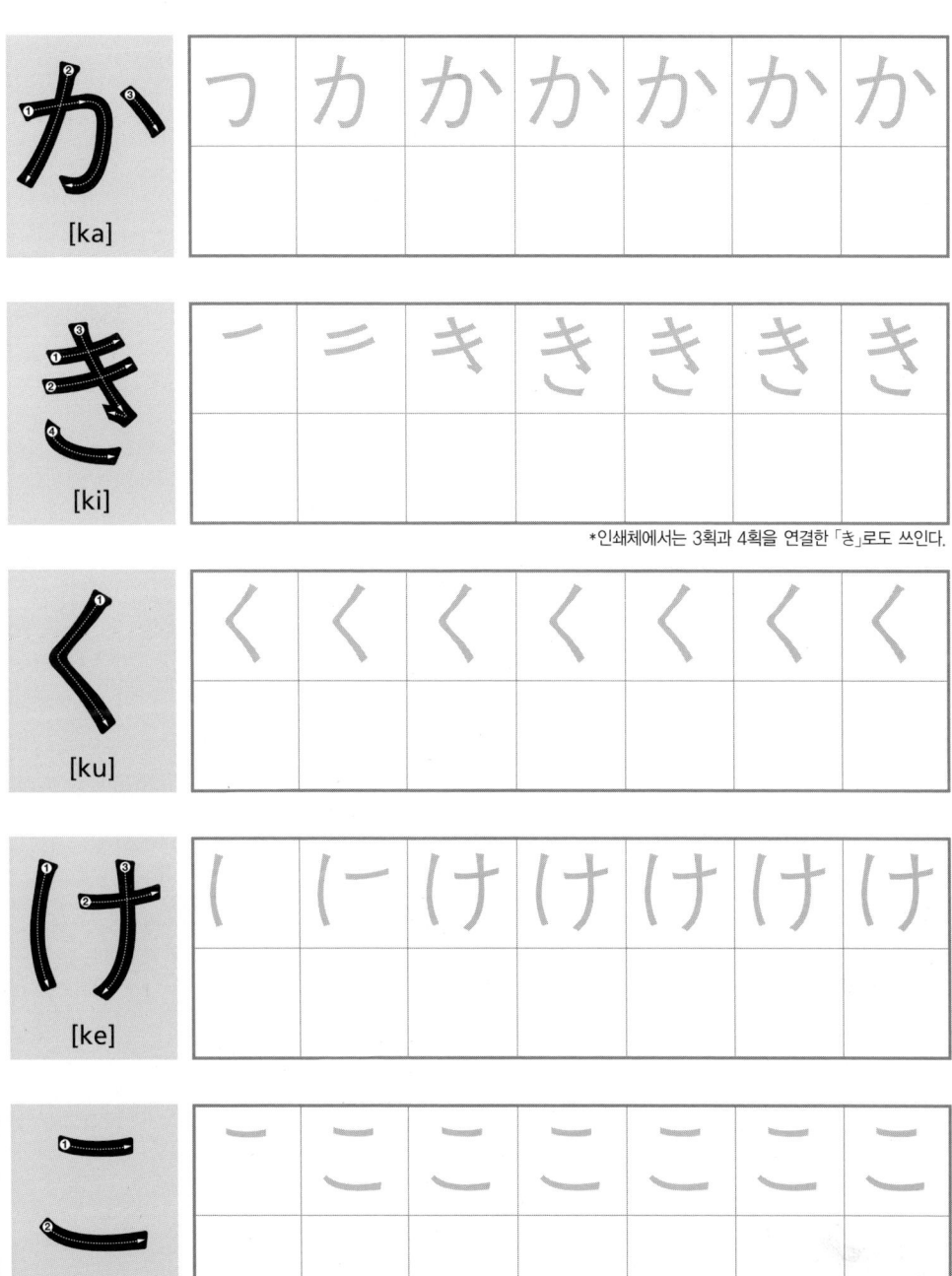

**か** [ka]

つ か か か か か か

**き** [ki]

一 二 き き き き き

*인쇄체에서는 3획과 4획을 연결한 「き」로도 쓰인다.

**く** [ku]

く く く く く く く

**け** [ke]

| |ー け け け け け

**こ** [ko]

一 二 こ こ こ こ こ

7

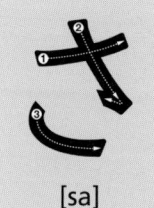

| ー | さ | さ | さ | さ | さ | さ |
|---|---|---|---|---|---|---|
|   |   |   |   |   |   |   |

[sa]

*인쇄체에서는 2획과 3획을 연결한 「さ」로도 쓰인다.

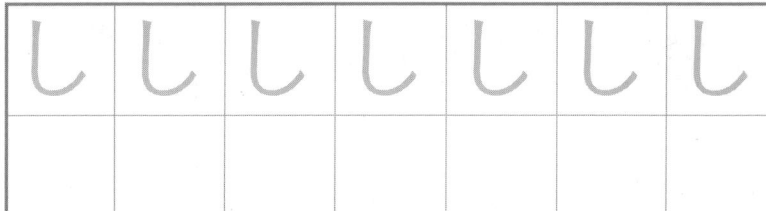

| し | し | し | し | し | し | し |
|---|---|---|---|---|---|---|
|   |   |   |   |   |   |   |

[shi]

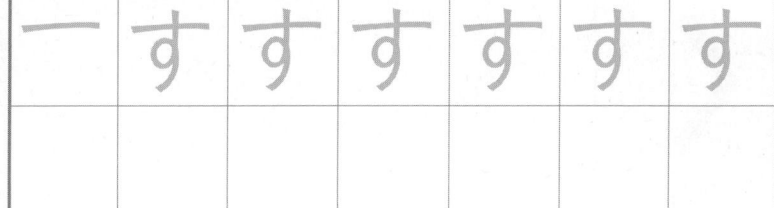

| ー | す | す | す | す | す | す |
|---|---|---|---|---|---|---|
|   |   |   |   |   |   |   |

[su]

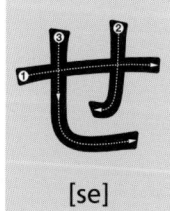

| ー | ナ | せ | せ | せ | せ | せ |
|---|---|---|---|---|---|---|
|   |   |   |   |   |   |   |

[se]

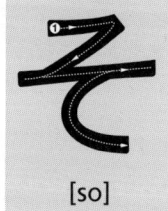

| そ | そ | そ | そ | そ | そ | そ |
|---|---|---|---|---|---|---|
|   |   |   |   |   |   |   |

[so]

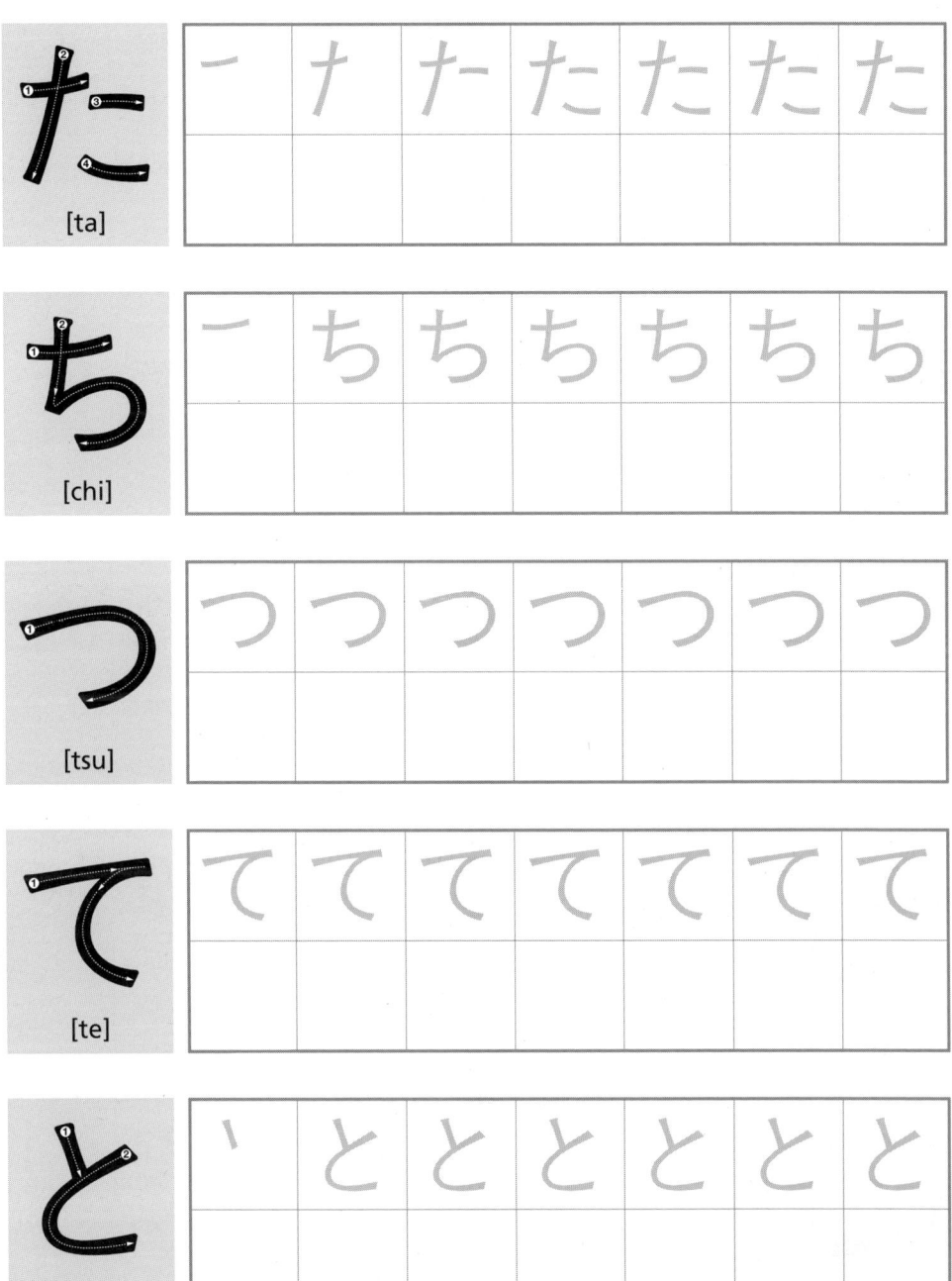

| | | | | | | |
|---|---|---|---|---|---|---|
| た[ta] | ー | ナ | ナー | た | た | た | た |
| | | | | | | | |
| ち[chi] | ー | ち | ち | ち | ち | ち | ち |
| | | | | | | | |
| つ[tsu] | つ | つ | つ | つ | つ | つ | つ |
| | | | | | | | |
| て[te] | て | て | て | て | て | て | て |
| | | | | | | | |
| と[to] | ` | と | と | と | と | と | と |

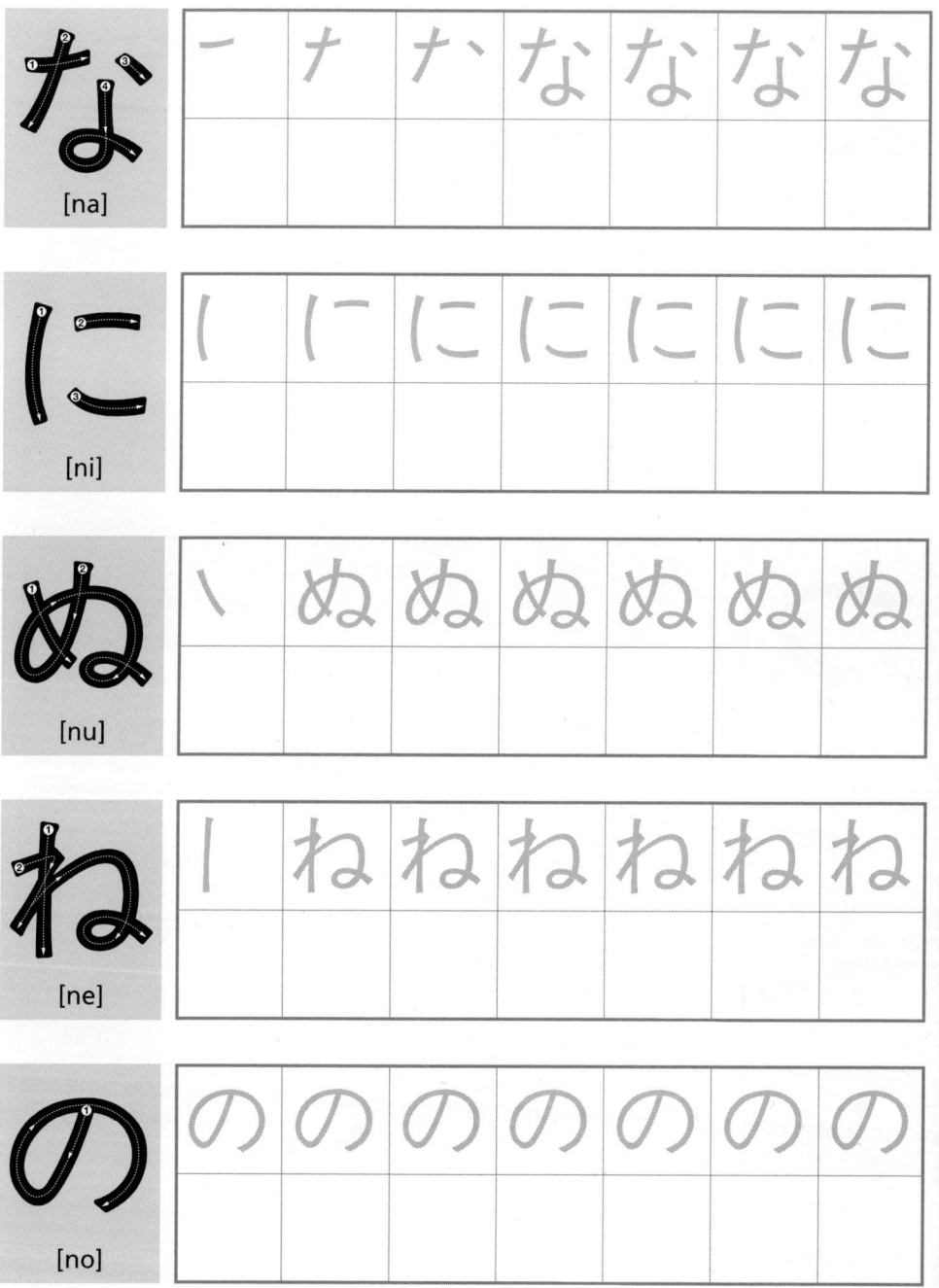

| | | | | | | |
|---|---|---|---|---|---|---|
| な [na] | ー | ナ | ナ | な | な | な | な |
| | | | | | | | |
| に [ni] | l | lこ | に | に | に | に | に |
| | | | | | | | |
| ぬ [nu] | ＼ | ぬ | ぬ | ぬ | ぬ | ぬ | ぬ |
| | | | | | | | |
| ね [ne] | l | ね | ね | ね | ね | ね | |
| | | | | | | | |
| の [no] | の | の | の | の | の | の | の |
| | | | | | | | |

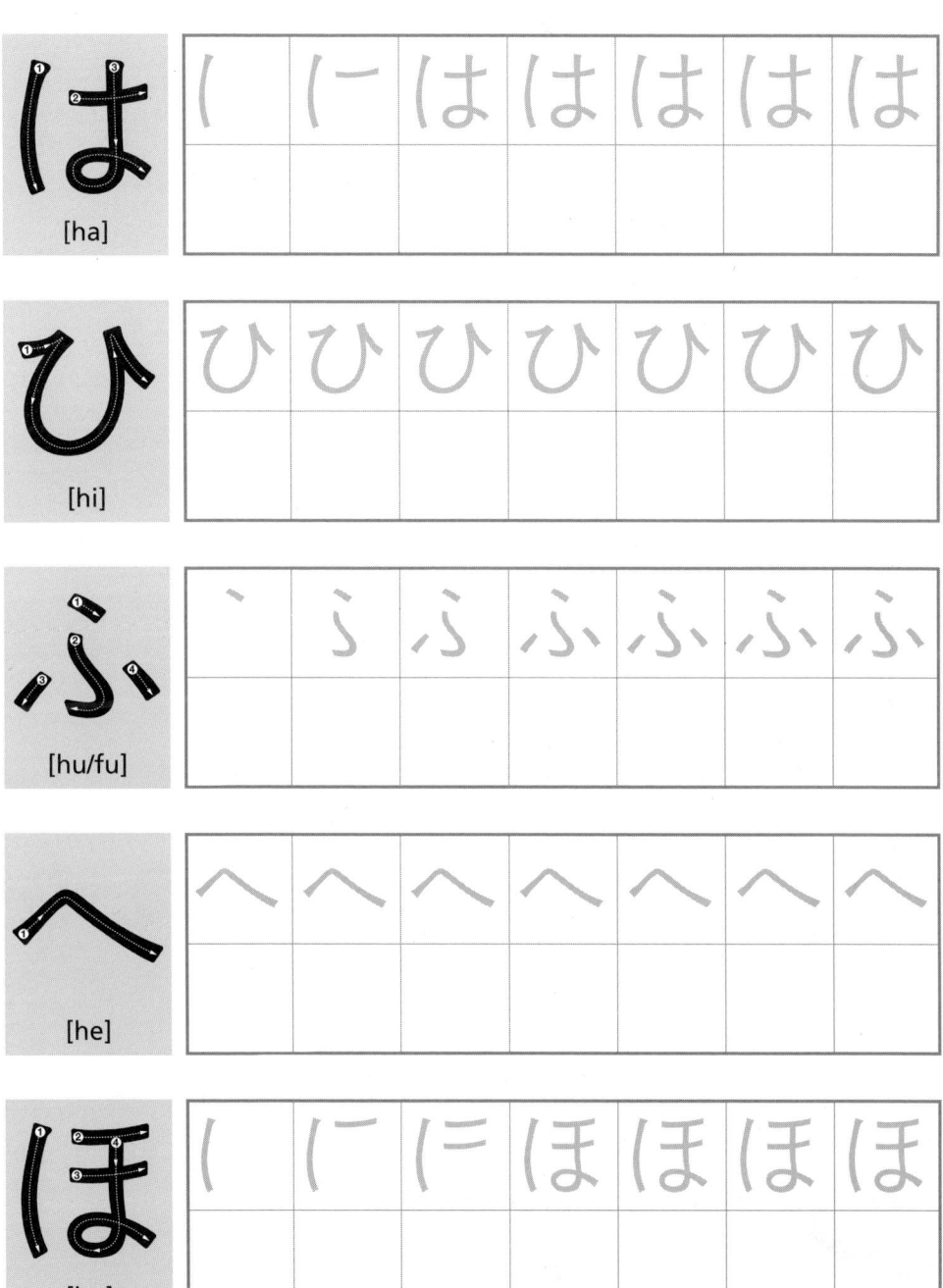

は [ha]

ひ [hi]

ふ [hu/fu]

へ [he]

ほ [ho]

11

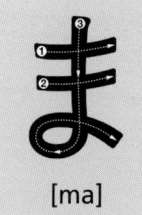

| ー | ＝ | ま | ま | ま | ま | ま |
|---|---|---|---|---|---|---|
|   |   |   |   |   |   |   |

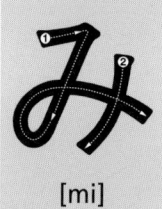

| み | み | み | み | み | み | み |
|---|---|---|---|---|---|---|
|   |   |   |   |   |   |   |

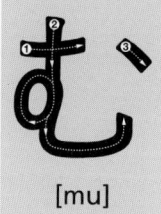

| ー | む | む | む | む | む | む |
|---|---|---|---|---|---|---|
|   |   |   |   |   |   |   |

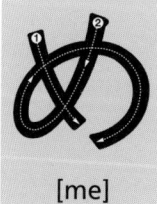

| ＼ | め | め | め | め | め | め |
|---|---|---|---|---|---|---|
|   |   |   |   |   |   |   |

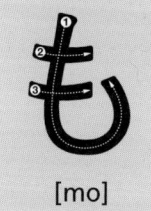

| し | も | も | も | も | も | も |
|---|---|---|---|---|---|---|
|   |   |   |   |   |   |   |

| つ | う | や | や | や | や | や |
|---|---|---|---|---|---|---|
| | | | | | | |

[ya]

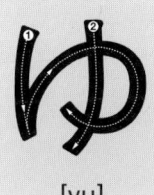

| ゆ | ゆ | ゆ | ゆ | ゆ | ゆ | ゆ |
|---|---|---|---|---|---|---|
| | | | | | | |

[yu]

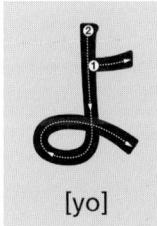

| ‐ | よ | よ | よ | よ | よ | よ |
|---|---|---|---|---|---|---|
| | | | | | | |

[yo]

## 혼동하기 쉬운 글자 1

**＊다음 글자들은 모양이 비슷해서 혼동하기 쉬우므로 잘 익혀 두자.**

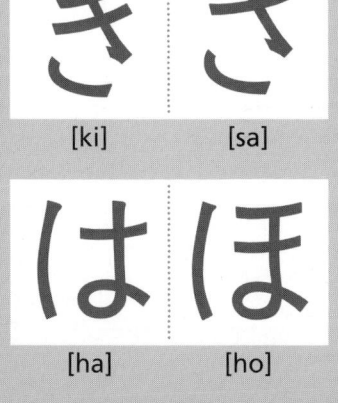

[ki]　　　[sa]

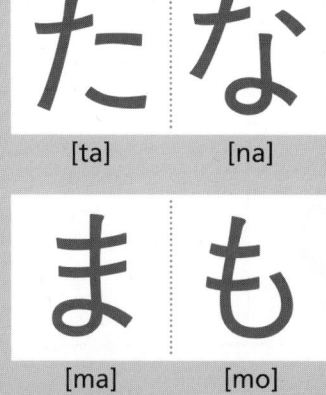

[ta]　　　[na]

は　ほ

[ha]　　　[ho]

ま　も

[ma]　　　[mo]

13

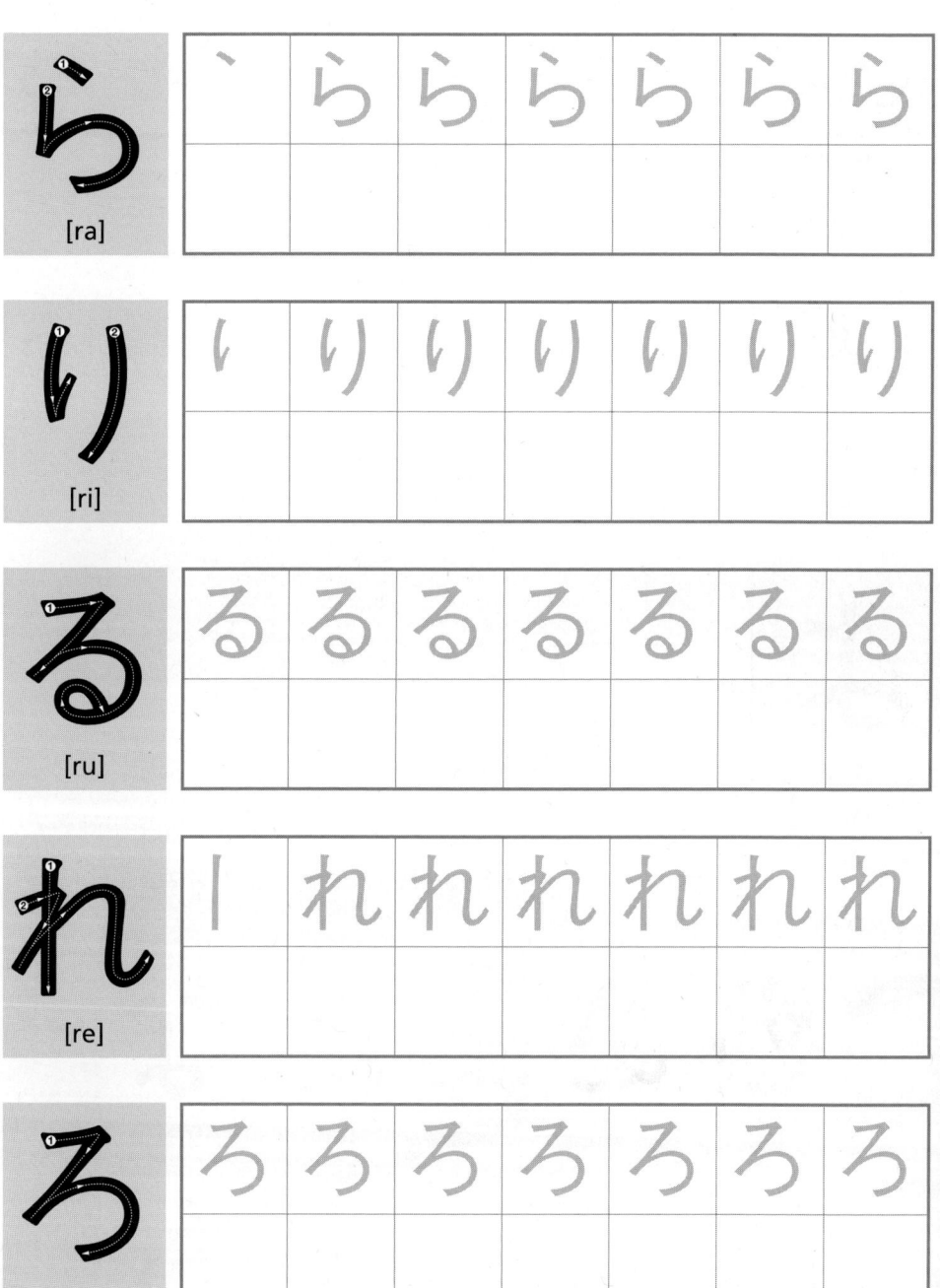

**ら** [ra]

**り** [ri]

**る** [ru]

**れ** [re]

**ろ** [ro]

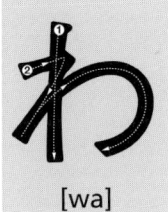

| | | | | | | |
|---|---|---|---|---|---|---|
| l | わ | わ | わ | わ | わ | わ |
| | | | | | | |

[wa]

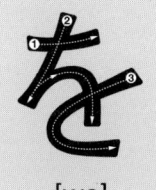

| | | | | | | |
|---|---|---|---|---|---|---|
| ー | 大 | を | を | を | を | を |
| | | | | | | |

[wo]

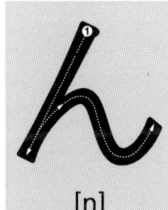

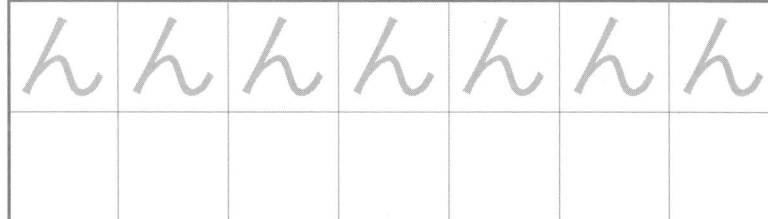

[n]

## 혼동하기 쉬운 글자 2

*다음 글자들은 모양이 비슷해서 혼동하기 쉬우므로 잘 익혀 두자.

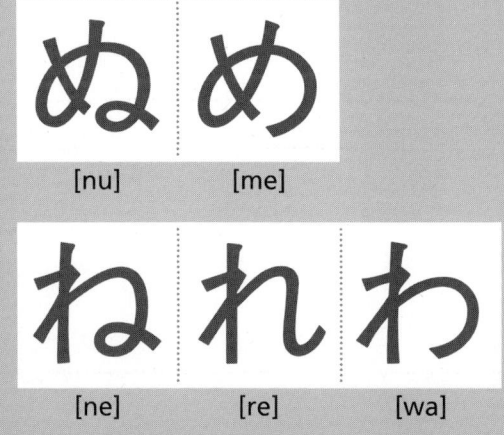

[nu]　　　[me]

[ne]　　　[re]　　　[wa]

# 탁음

**が** [ga]
つ　カ　か　か　が　が　が

**ぎ** [gi]
一　二　キ　き　き　ぎ　ぎ

**ぐ** [gu]
く　ぐ　ぐ　ぐ　ぐ　ぐ　ぐ

**げ** [ge]
｜　｜一　け　げ　げ　げ　げ

**ご** [go]
一　こ　ご　ご　ご　ご　ご

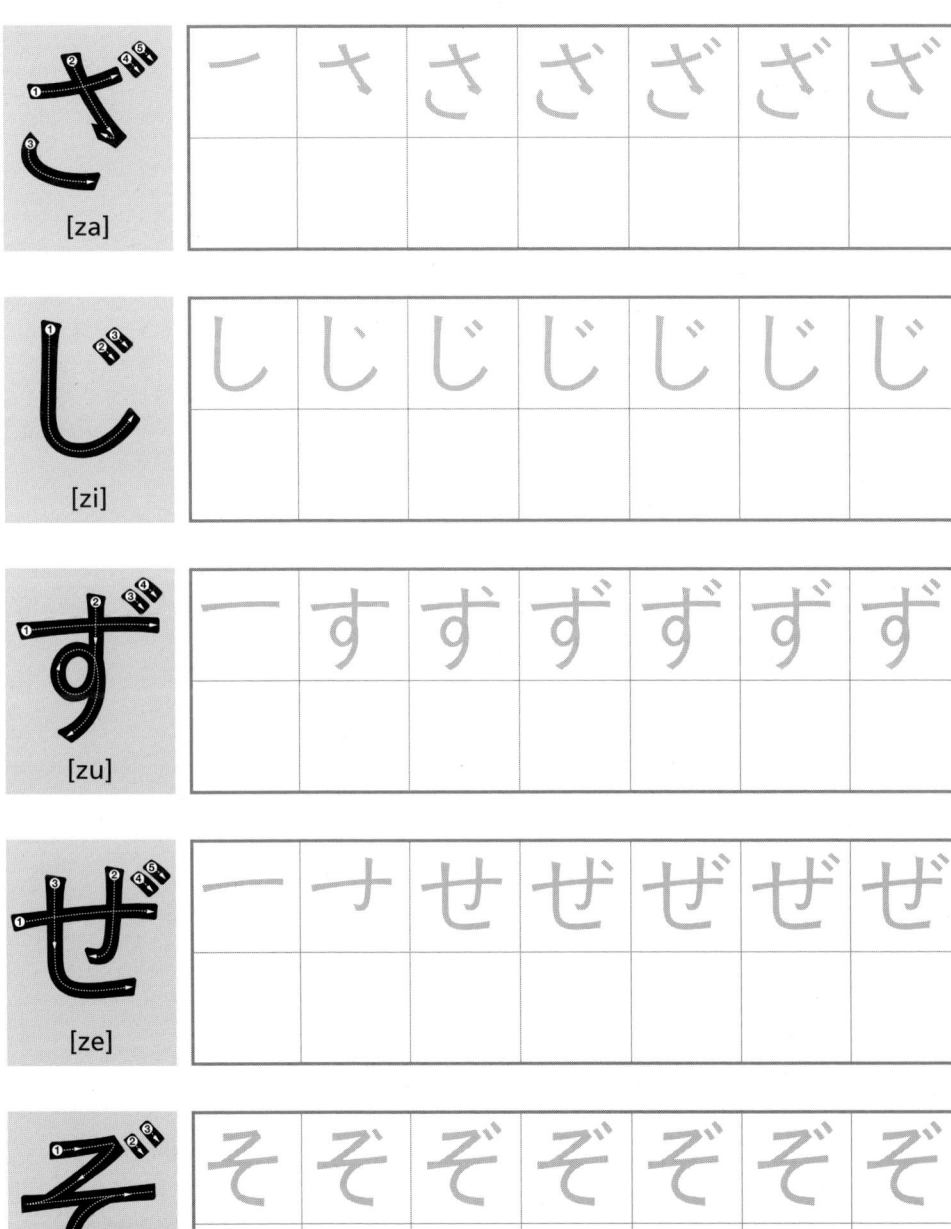

| | 一 | ナ | さ | ざ | ざ | ざ | ざ |
| --- | --- | --- | --- | --- | --- | --- | --- |
[za]

| | し | じ | じ | じ | じ | じ | じ |
| --- | --- | --- | --- | --- | --- | --- | --- |
[zi]

| | 一 | す | ず | ず | ず | ず | ず |
| --- | --- | --- | --- | --- | --- | --- | --- |
[zu]

| | 一 | ナ | せ | ぜ | ぜ | ぜ | ぜ |
| --- | --- | --- | --- | --- | --- | --- | --- |
[ze]

| | そ | ぞ | ぞ | ぞ | ぞ | ぞ | ぞ |
| --- | --- | --- | --- | --- | --- | --- | --- |
[zo]

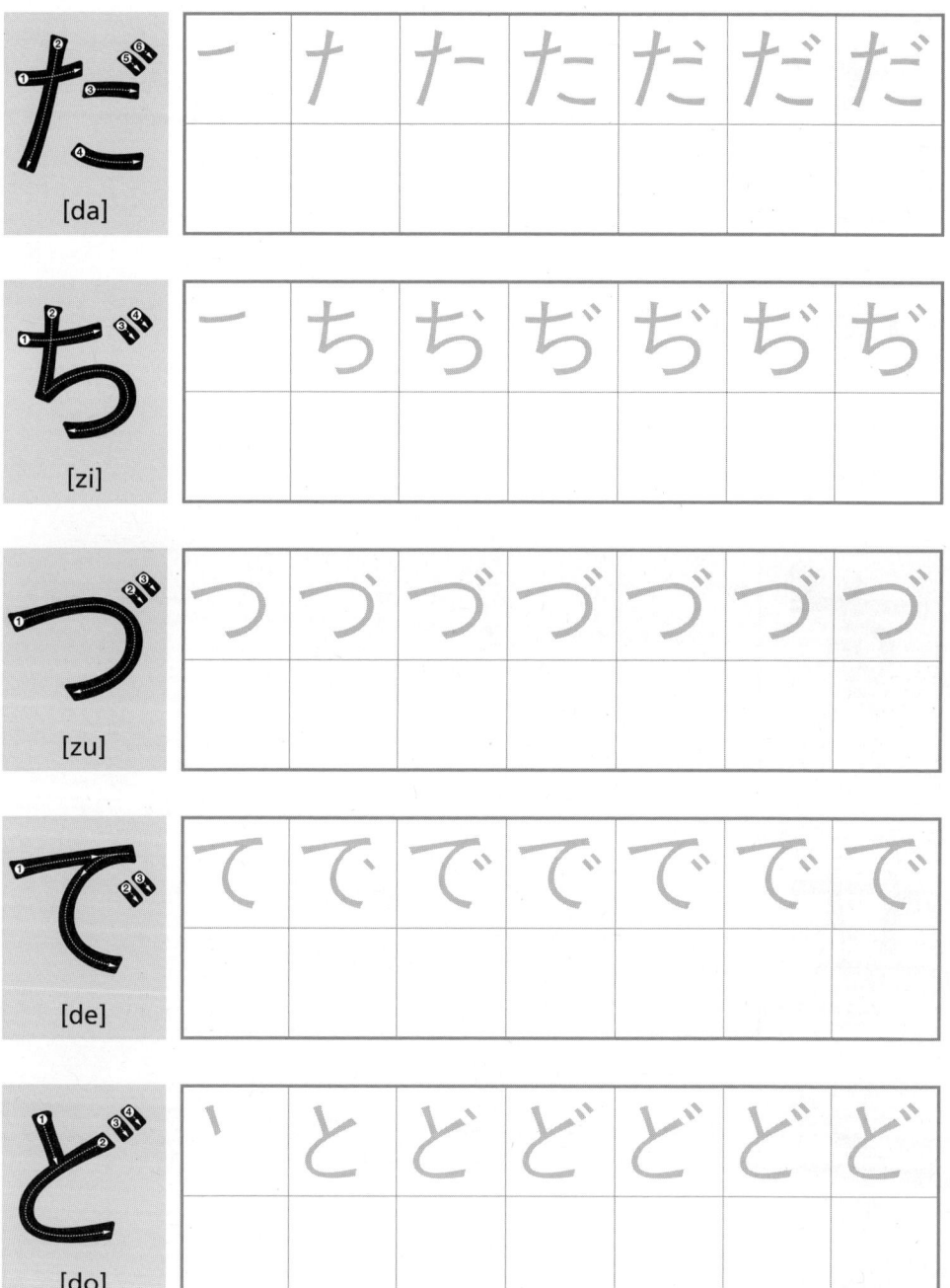

だ [da]

ぢ [zi]

づ [zu]

で [de]

ど [do]

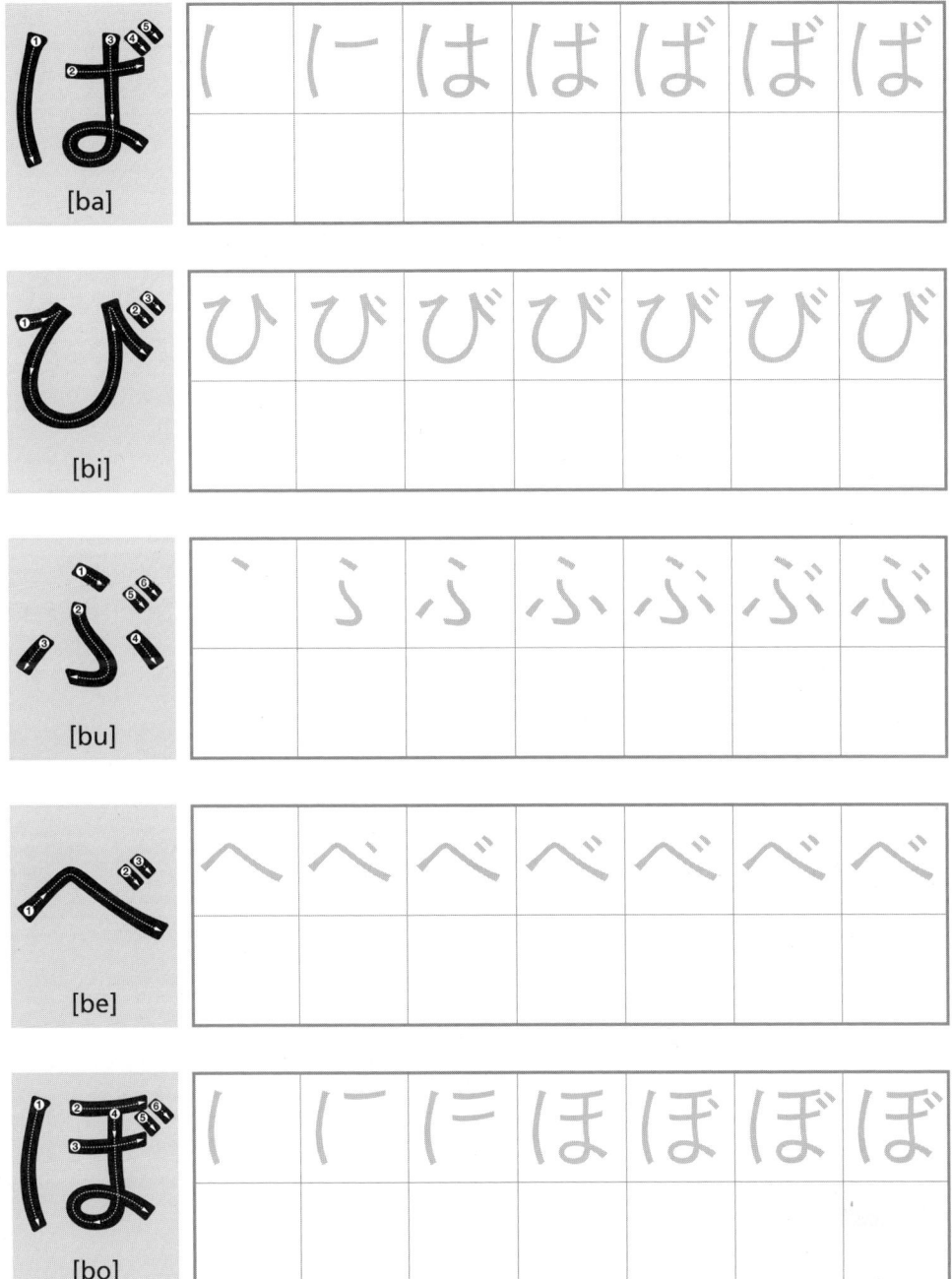

| | | | | | |
|---|---|---|---|---|---|
| ば [ba] | ｜ | ｜ニ | は | ば | ば | ば |
| ひ [bi] | ひ | ひ | ひ | ひ | ひ | ひ | ひ |
| ぶ [bu] | ｀ | ぶ | ぶ | ぶ | ぶ | ぶ |
| へ [be] | へ | べ | べ | べ | べ | べ | べ |
| ぼ [bo] | ｜ | ｜ニ | ｜ニ | ほ | ぼ | ぼ | ぼ |

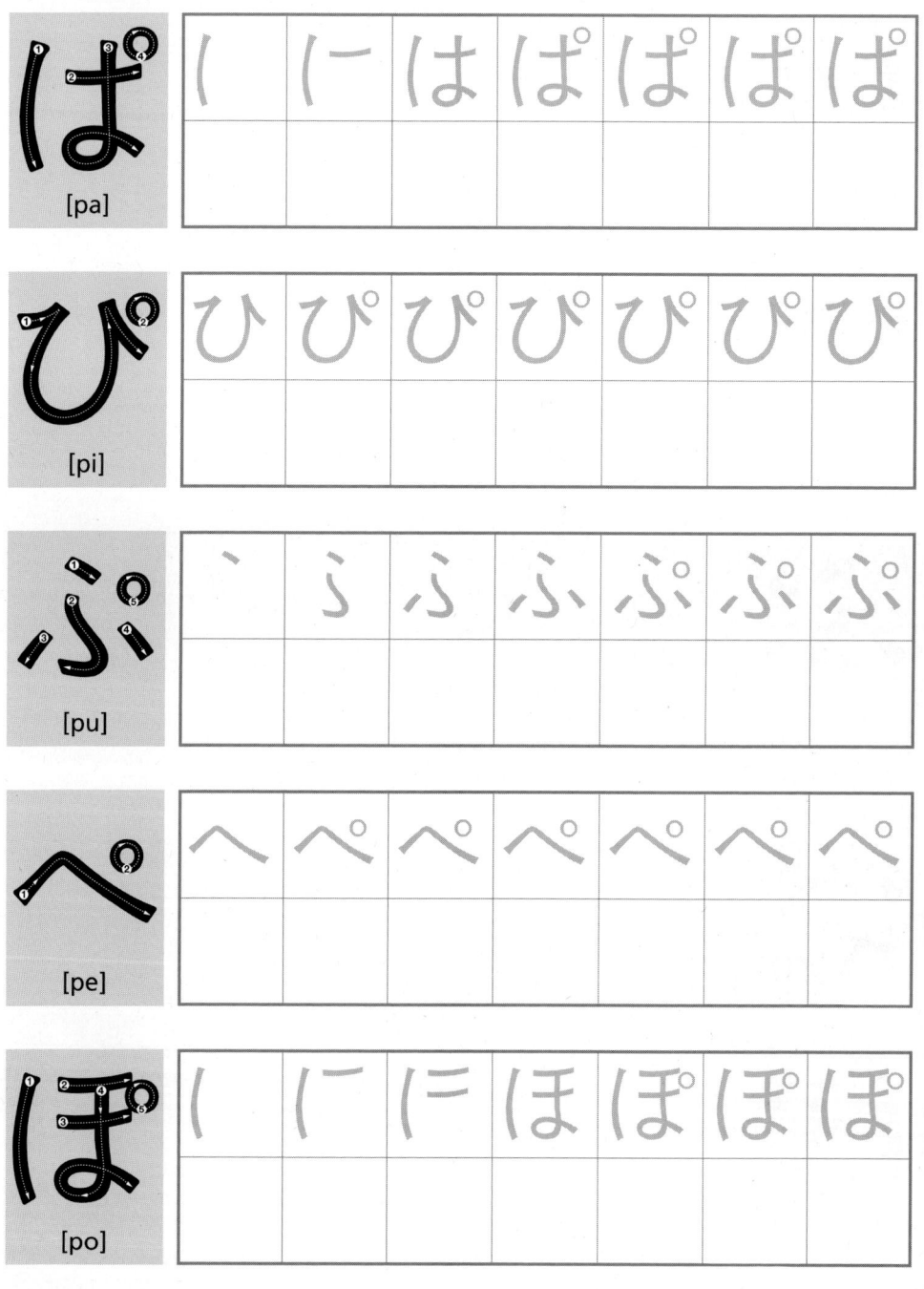

[pa]

[pi]

[pu]

[pe]

[po]

**きゃ** [kya]

| きゃ | きゃ | きゃ | きゃ | きゃ | きゃ | きゃ |
|---|---|---|---|---|---|---|
| | | | | | | |

**きゅ** [kyu]

| きゅ | きゅ | きゅ | きゅ | きゅ | きゅ | きゅ |
|---|---|---|---|---|---|---|
| | | | | | | |

**きょ** [kyo]

| きょ | きょ | きょ | きょ | きょ | きょ | きょ |
|---|---|---|---|---|---|---|
| | | | | | | |

**ぎゃ** [gya]

| ぎゃ | ぎゃ | ぎゃ | ぎゃ | ぎゃ | ぎゃ | ぎゃ |
|---|---|---|---|---|---|---|
| | | | | | | |

**ぎゅ** [gyu]

| ぎゅ | ぎゅ | ぎゅ | ぎゅ | ぎゅ | ぎゅ | ぎゅ |
|---|---|---|---|---|---|---|
| | | | | | | |

**ぎょ** [gyo]

| ぎょ | ぎょ | ぎょ | ぎょ | ぎょ | ぎょ | ぎょ |
|---|---|---|---|---|---|---|
| | | | | | | |

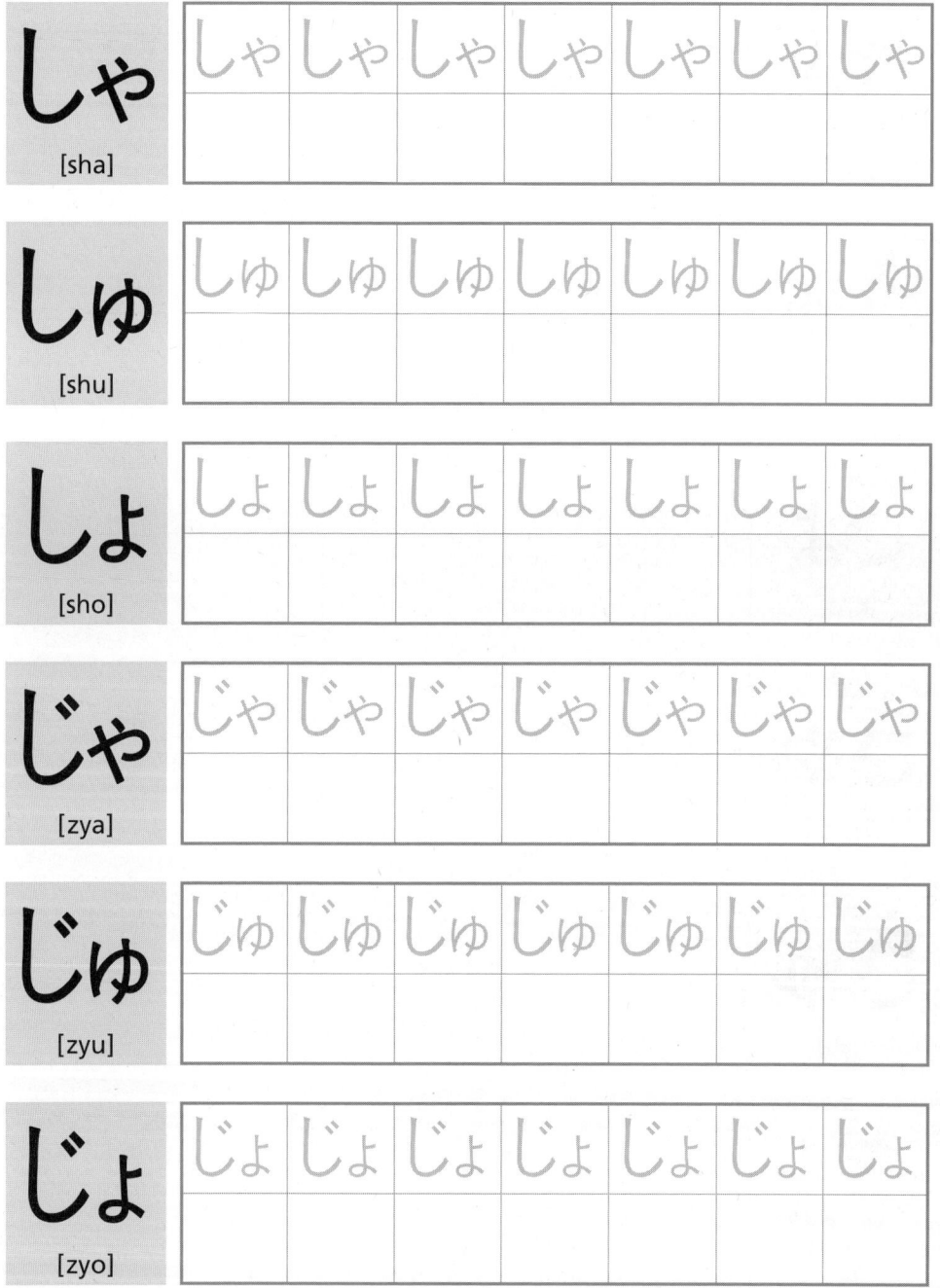

| じゃ [sha] | しゃ | しゃ | しゃ | しゃ | しゃ | しゃ | しゃ |
| しゅ [shu] | しゅ | しゅ | しゅ | しゅ | しゅ | しゅ | しゅ |
| しょ [sho] | しょ | しょ | しょ | しょ | しょ | しょ | しょ |
| じゃ [zya] | じゃ | じゃ | じゃ | じゃ | じゃ | じゃ | じゃ |
| じゅ [zyu] | じゅ | じゅ | じゅ | じゅ | じゅ | じゅ | じゅ |
| じょ [zyo] | じょ | じょ | じょ | じょ | じょ | じょ | じょ |

| **ちゃ**<br>[cha] | ちゃ | ちゃ | ちゃ | ちゃ | ちゃ | ちゃ | ちゃ |
| --- | --- | --- | --- | --- | --- | --- | --- |
| | | | | | | | |

| **ちゅ**<br>[chu] | ちゅ | ちゅ | ちゅ | ちゅ | ちゅ | ちゅ | ちゅ |
| --- | --- | --- | --- | --- | --- | --- | --- |
| | | | | | | | |

| **ちょ**<br>[cho] | ちょ | ちょ | ちょ | ちょ | ちょ | ちょ | ちょ |
| --- | --- | --- | --- | --- | --- | --- | --- |
| | | | | | | | |

| **にゃ**<br>[nya] | にゃ | にゃ | にゃ | にゃ | にゃ | にゃ | にゃ |
| --- | --- | --- | --- | --- | --- | --- | --- |
| | | | | | | | |

| **にゅ**<br>[nyu] | にゅ | にゅ | にゅ | にゅ | にゅ | にゅ | にゅ |
| --- | --- | --- | --- | --- | --- | --- | --- |
| | | | | | | | |

| **にょ**<br>[nyo] | にょ | にょ | にょ | にょ | にょ | にょ | にょ |
| --- | --- | --- | --- | --- | --- | --- | --- |
| | | | | | | | |

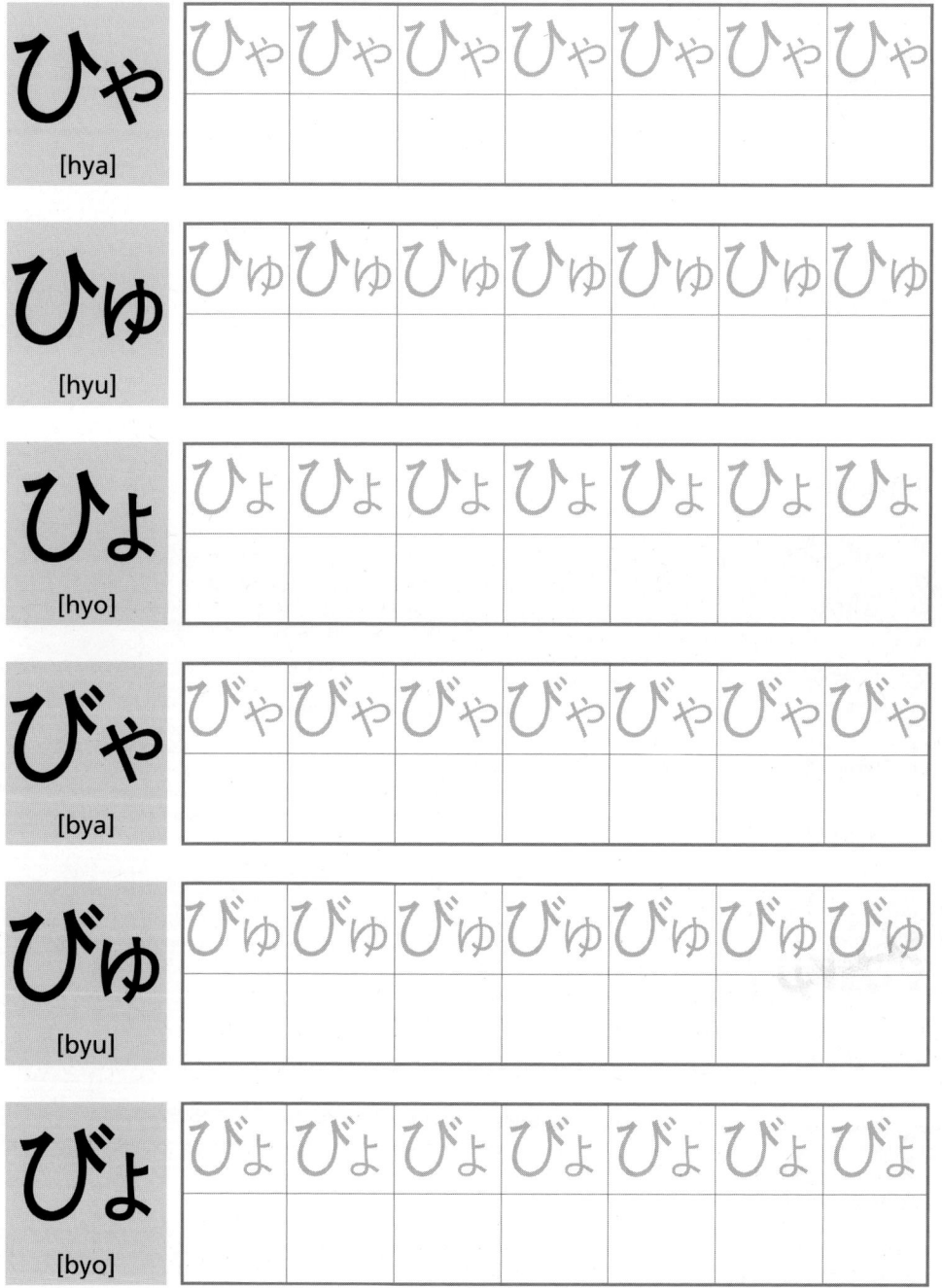

| ひゃ<br>[hya] | ひゃ | ひゃ | ひゃ | ひゃ | ひゃ | ひゃ | ひゃ |
| | | | | | | | |
| ひゅ<br>[hyu] | ひゅ | ひゅ | ひゅ | ひゅ | ひゅ | ひゅ | ひゅ |
| | | | | | | | |
| ひょ<br>[hyo] | ひょ | ひょ | ひょ | ひょ | ひょ | ひょ | ひょ |
| | | | | | | | |
| びゃ<br>[bya] | びゃ | びゃ | びゃ | びゃ | びゃ | びゃ | びゃ |
| | | | | | | | |
| びゅ<br>[byu] | びゅ | びゅ | びゅ | びゅ | びゅ | びゅ | びゅ |
| | | | | | | | |
| びょ<br>[byo] | びょ | びょ | びょ | びょ | びょ | びょ | びょ |
| | | | | | | | |

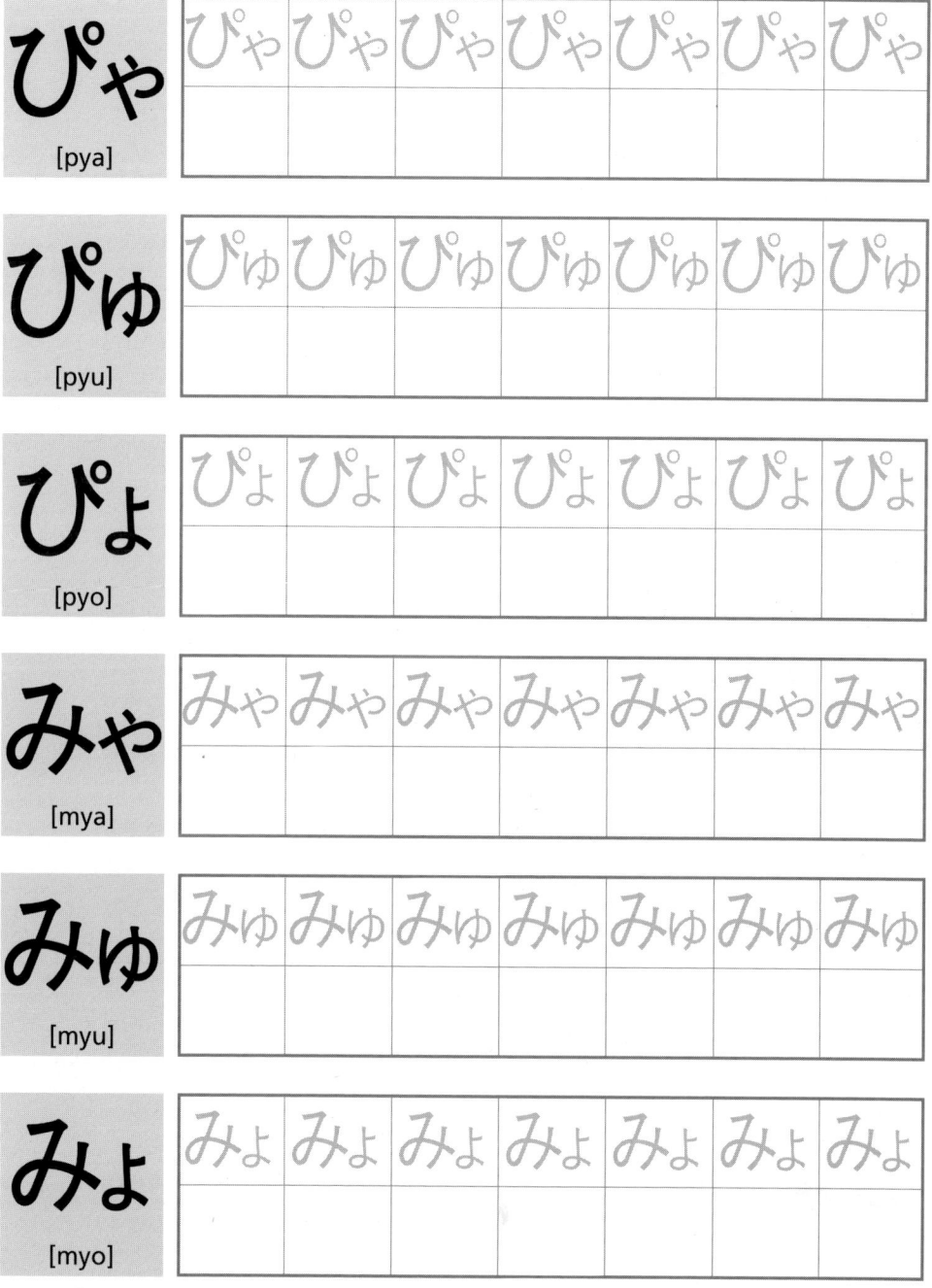

| ぴゃ [pya] | ぴゃ | ぴゃ | ぴゃ | ぴゃ | ぴゃ | ぴゃ | ぴゃ |
| | | | | | | | |
| ぴゅ [pyu] | ぴゅ | ぴゅ | ぴゅ | ぴゅ | ぴゅ | ぴゅ | ぴゅ |
| | | | | | | | |
| ぴょ [pyo] | ぴょ | ぴょ | ぴょ | ぴょ | ぴょ | ぴょ | ぴょ |
| | | | | | | | |
| みゃ [mya] | みゃ | みゃ | みゃ | みゃ | みゃ | みゃ | みゃ |
| | | | | | | | |
| みゅ [myu] | みゅ | みゅ | みゅ | みゅ | みゅ | みゅ | みゅ |
| | | | | | | | |
| みょ [myo] | みょ | みょ | みょ | みょ | みょ | みょ | みょ |

| りゃ [rya] | りゃ | りゃ | りゃ | りゃ | りゃ | りゃ | りゃ |
|---|---|---|---|---|---|---|---|
| | | | | | | | |

| りゅ [ryu] | りゅ | りゅ | りゅ | りゅ | りゅ | りゅ | りゅ |
|---|---|---|---|---|---|---|---|
| | | | | | | | |

| りょ [ryo] | りょ | りょ | りょ | りょ | りょ | りょ | りょ |
|---|---|---|---|---|---|---|---|
| | | | | | | | |

# 가타카나

----------------------------------------

# カタカナ

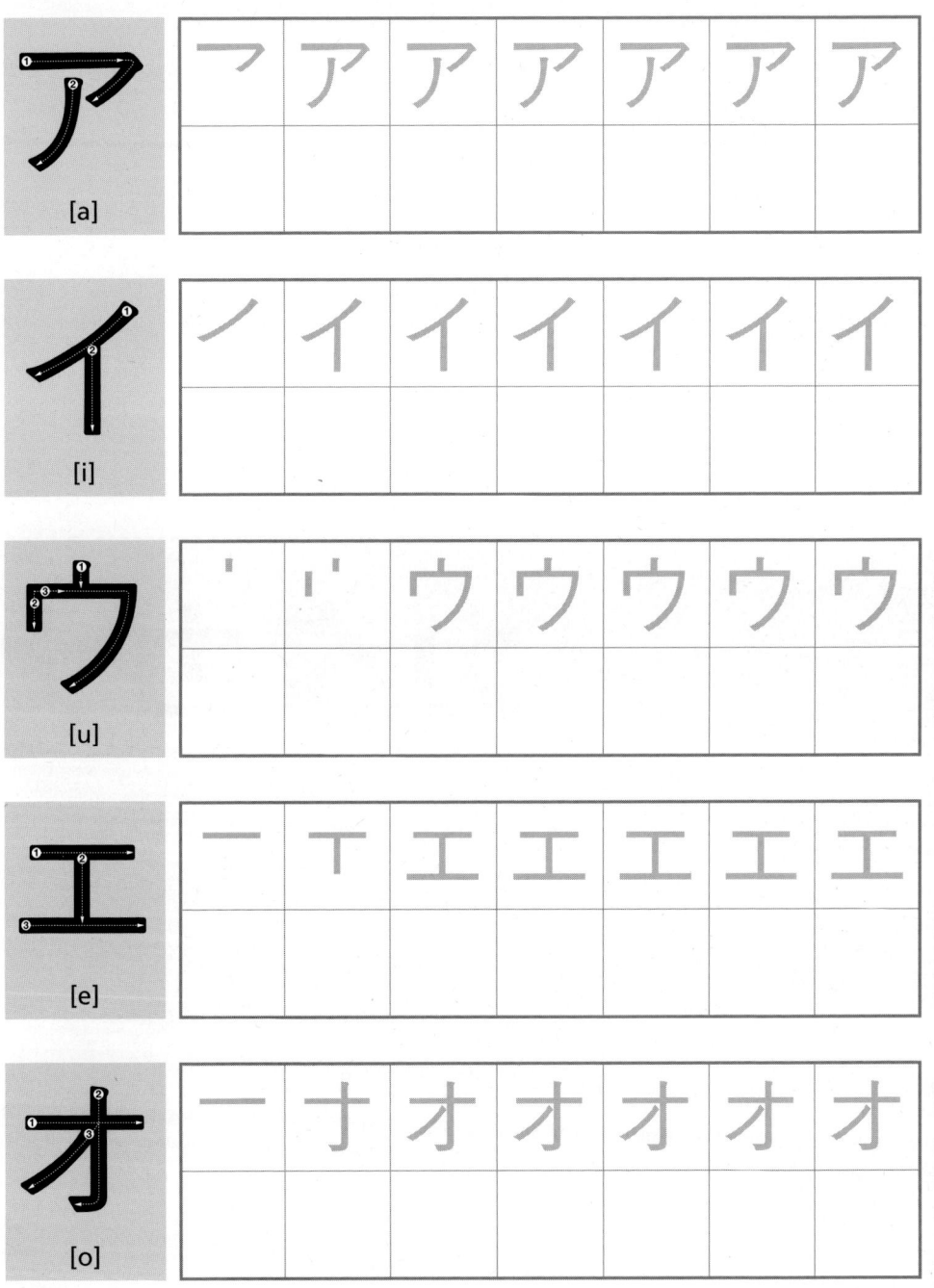

| ア [a] | フ | ア | ア | ア | ア | ア | ア |
| | | | | | | | |
| イ [i] | ノ | イ | イ | イ | イ | イ | イ |
| | | | | | | | |
| ウ [u] | ' | '' | ウ | ウ | ウ | ウ | ウ |
| | | | | | | | |
| エ [e] | ー | T | エ | エ | エ | エ | エ |
| | | | | | | | |
| オ [o] | ー | ナ | オ | オ | オ | オ | オ |
| | | | | | | | |

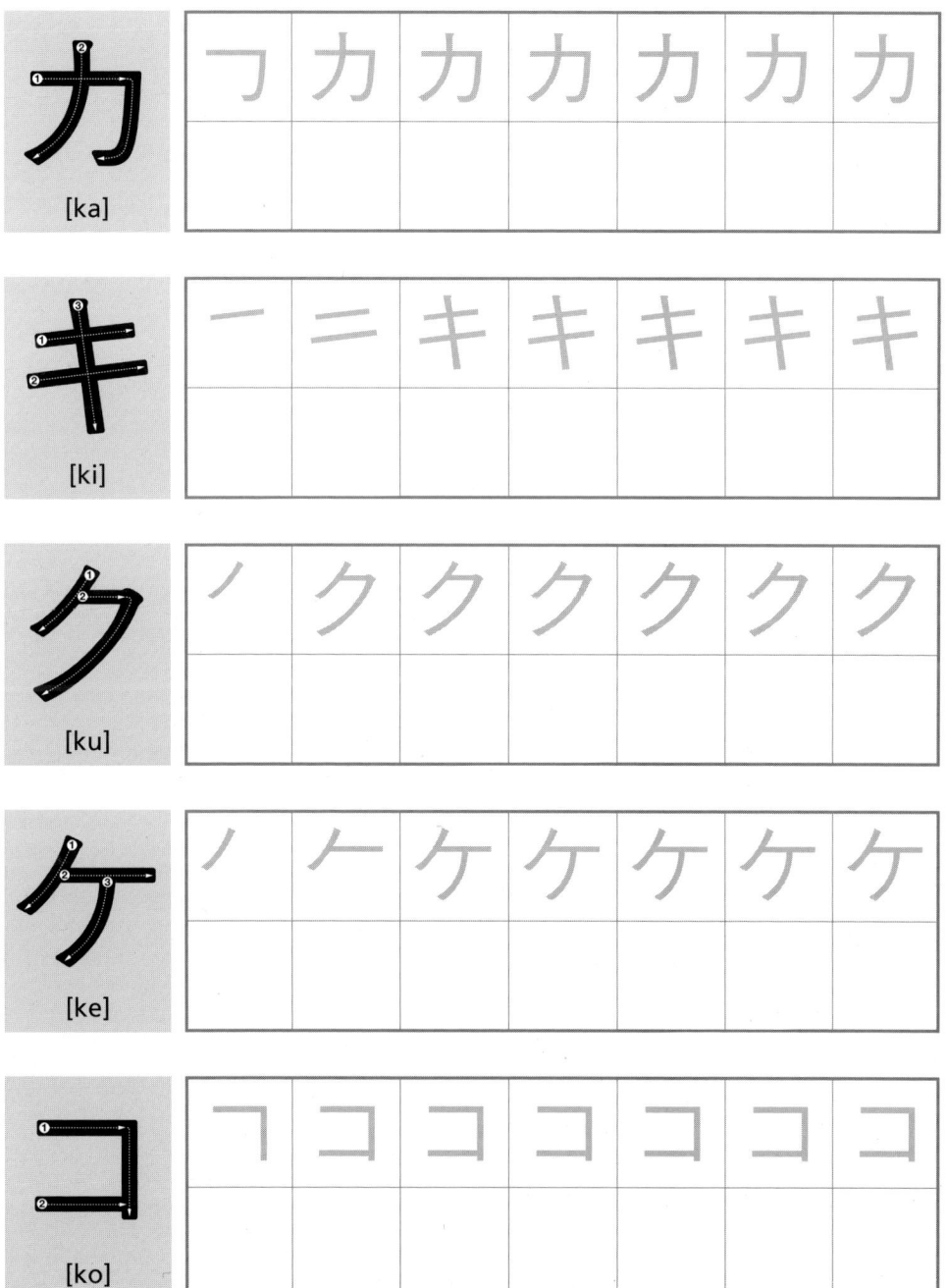

| カ [ka] | フ | カ | カ | カ | カ | カ | カ |
| :-: | :-: | :-: | :-: | :-: | :-: | :-: | :-: |
| | | | | | | | |

| キ [ki] | 一 | 二 | キ | キ | キ | キ | キ |
| :-: | :-: | :-: | :-: | :-: | :-: | :-: | :-: |
| | | | | | | | |

| ク [ku] | ノ | ク | ク | ク | ク | ク | ク |
| :-: | :-: | :-: | :-: | :-: | :-: | :-: | :-: |
| | | | | | | | |

| ケ [ke] | ノ | ト | ケ | ケ | ケ | ケ | ケ |
| :-: | :-: | :-: | :-: | :-: | :-: | :-: | :-: |
| | | | | | | | |

| コ [ko] | フ | コ | コ | コ | コ | コ | コ |
| :-: | :-: | :-: | :-: | :-: | :-: | :-: | :-: |
| | | | | | | | |

サ [sa]

シ [shi]

ス [su]

セ [se]

ソ [so]

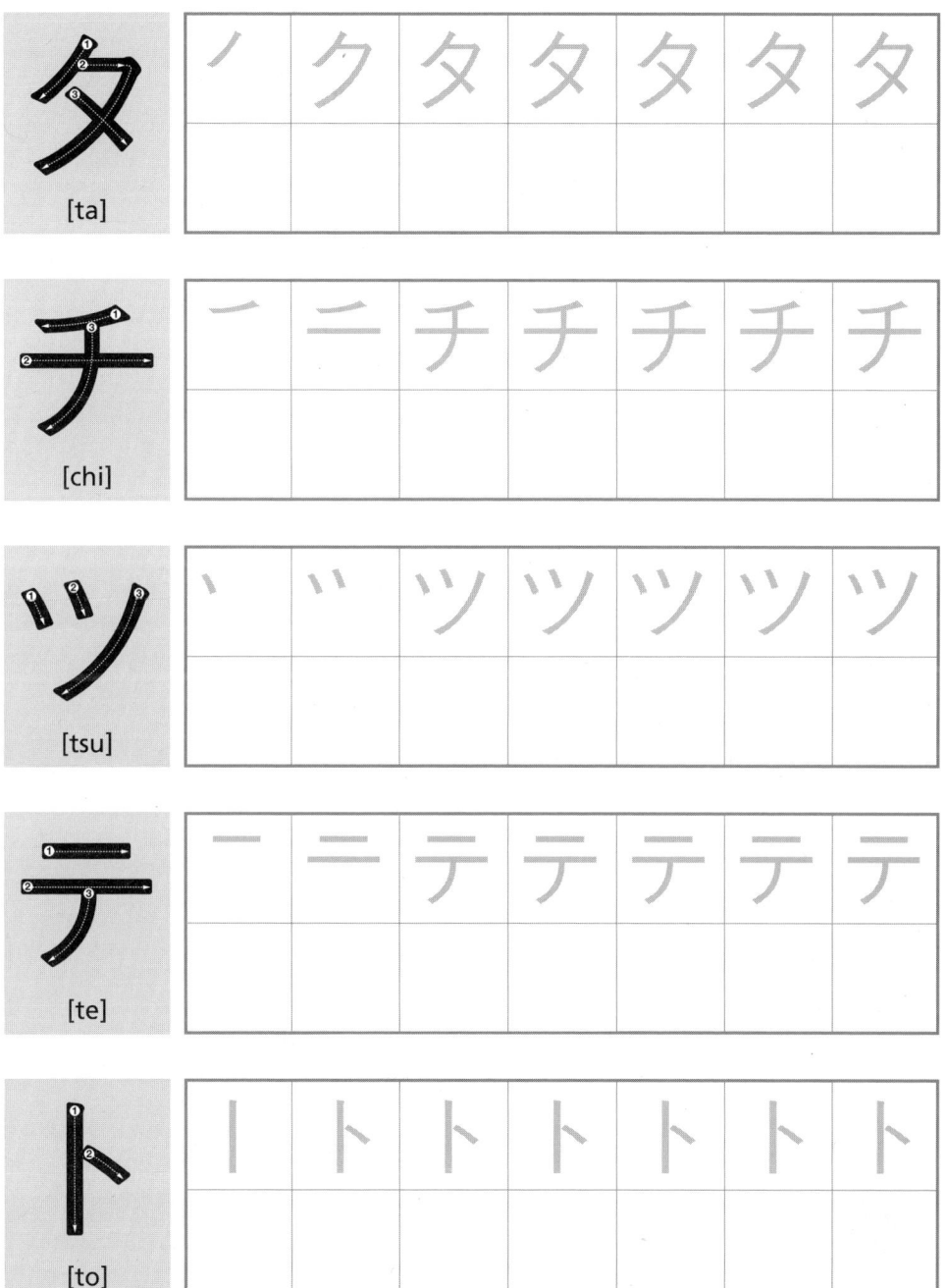

タ [ta]

チ [chi]

ツ [tsu]

テ [te]

ト [to]

31

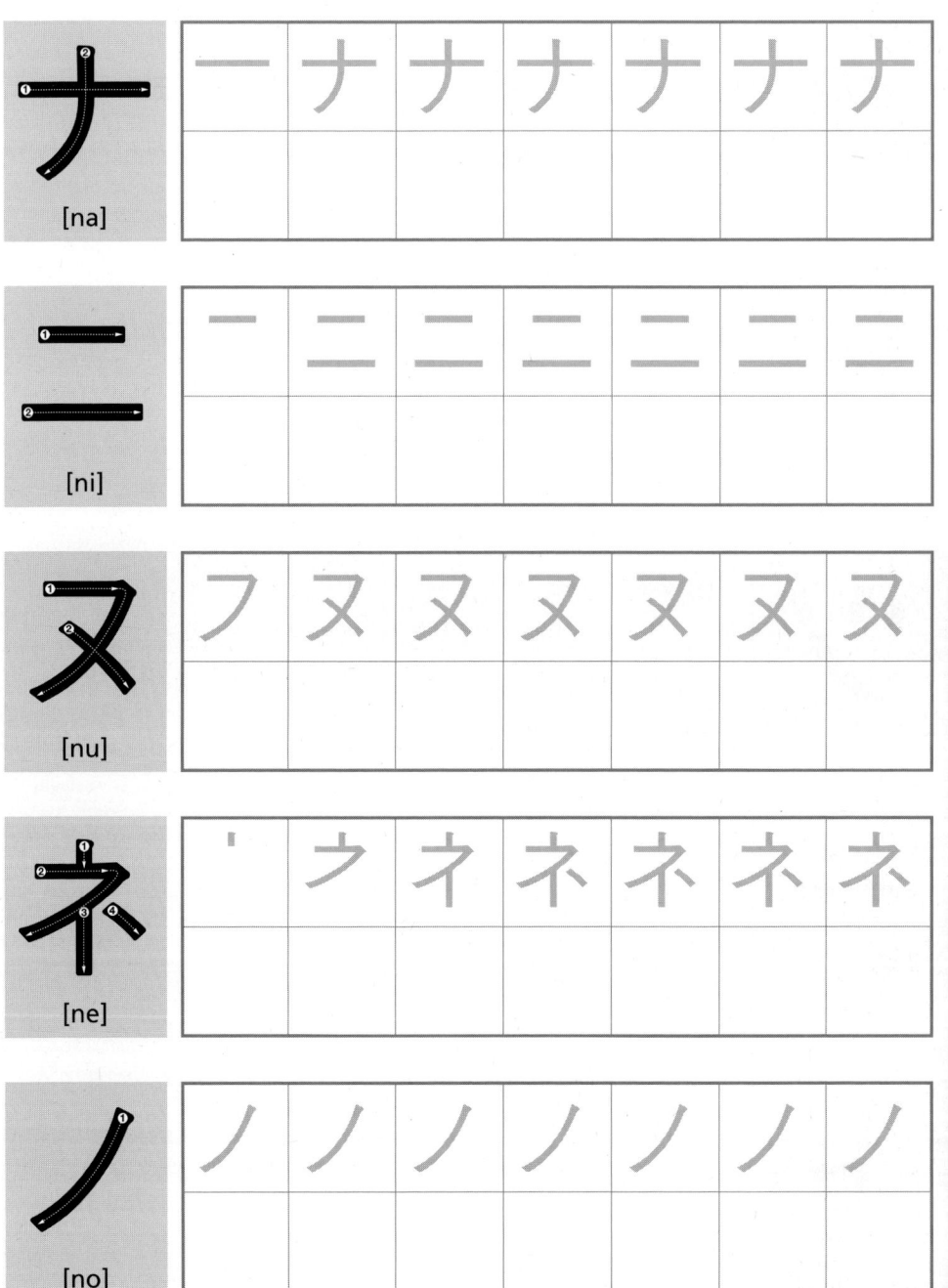

ナ [na]

ニ [ni]

ヌ [nu]

ネ [ne]

ノ [no]

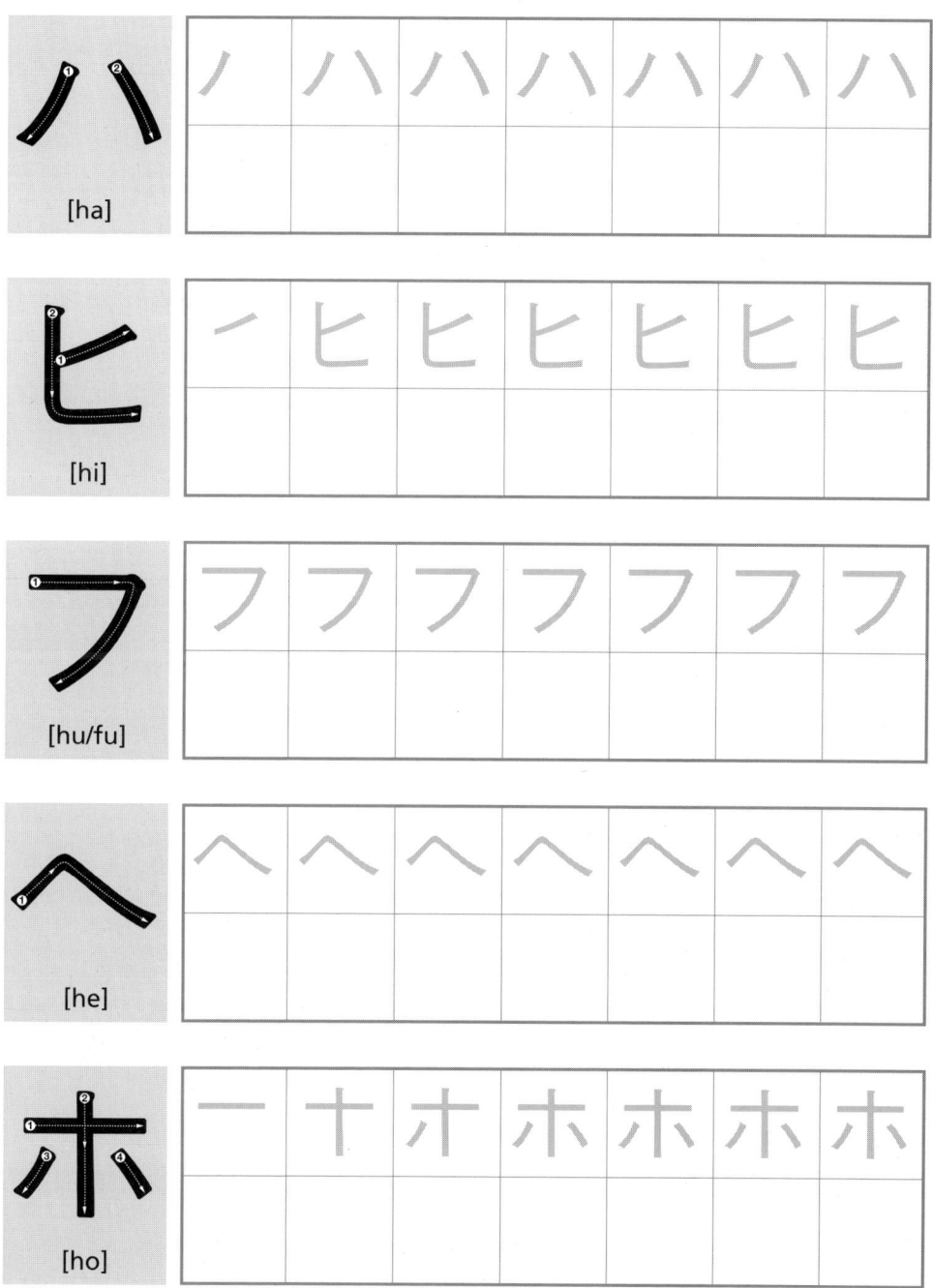

| [ha] | ノ | ハ | ハ | ハ | ハ | ハ | ハ |
| [hi] | ー | ヒ | ヒ | ヒ | ヒ | ヒ | ヒ |
| [hu/fu] | フ | フ | フ | フ | フ | フ | フ |
| [he] | へ | へ | へ | へ | へ | へ | へ |
| [ho] | 一 | 十 | オ | ホ | ホ | ホ | ホ |

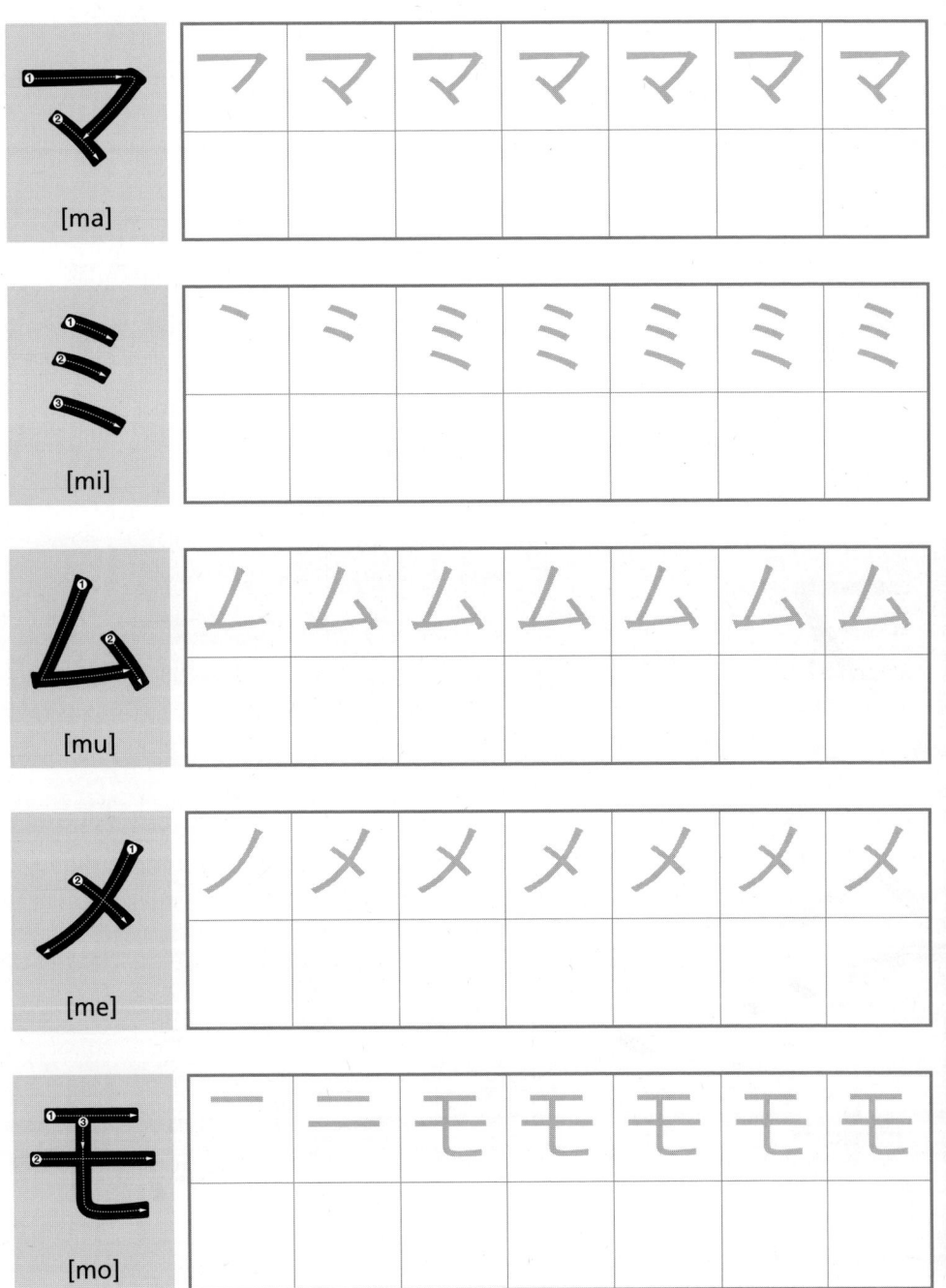

| [ma] | フ | マ | マ | マ | マ | マ | マ |
| | | | | | | | |

| [mi] | ` | ≡ | ミ | ミ | ミ | ミ | ミ |
| | | | | | | | |

| [mu] | ㇄ | ム | ム | ム | ム | ム | ム |
| | | | | | | | |

| [me] | ノ | メ | メ | メ | メ | メ | メ |
| | | | | | | | |

| [mo] | 一 | 二 | モ | モ | モ | モ | モ |
| | | | | | | | |

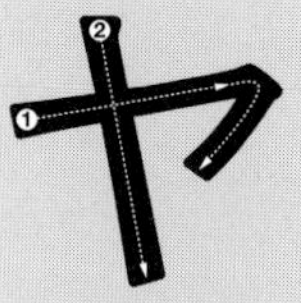

[ya]

| | | | | | | |
|---|---|---|---|---|---|---|
| | ヤ | ヤ | ヤ | ヤ | ヤ | ヤ |
| | | | | | | |

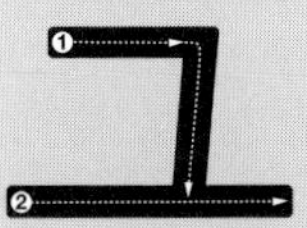

[yu]

| | | | | | | |
|---|---|---|---|---|---|---|
| | ユ | ユ | ユ | ユ | ユ | ユ |
| | | | | | | |

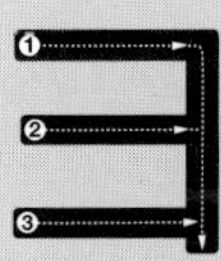

[yo]

| | | | | | | |
|---|---|---|---|---|---|---|
| | | ヨ | ヨ | ヨ | ヨ | ヨ |
| | | | | | | |

## 혼동하기 쉬운 글자 3

*다음 글자들은 모양이 비슷해서 혼동하기 쉬우므로 잘 익혀 두자.

| | | | |
|---|---|---|---|
| ク | タ | コ | ユ |
| [ku] | [ta] | [ko] | [yu] |
| シ | ツ | ス | ヌ |
| [shi] | [tsu] | [su] | [nu] |

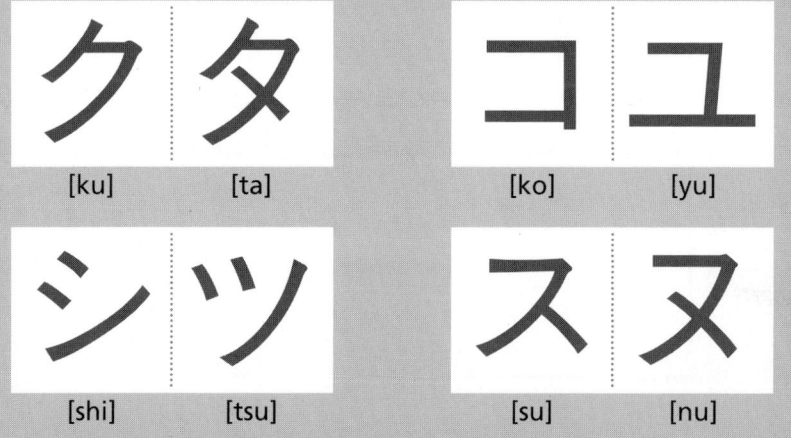

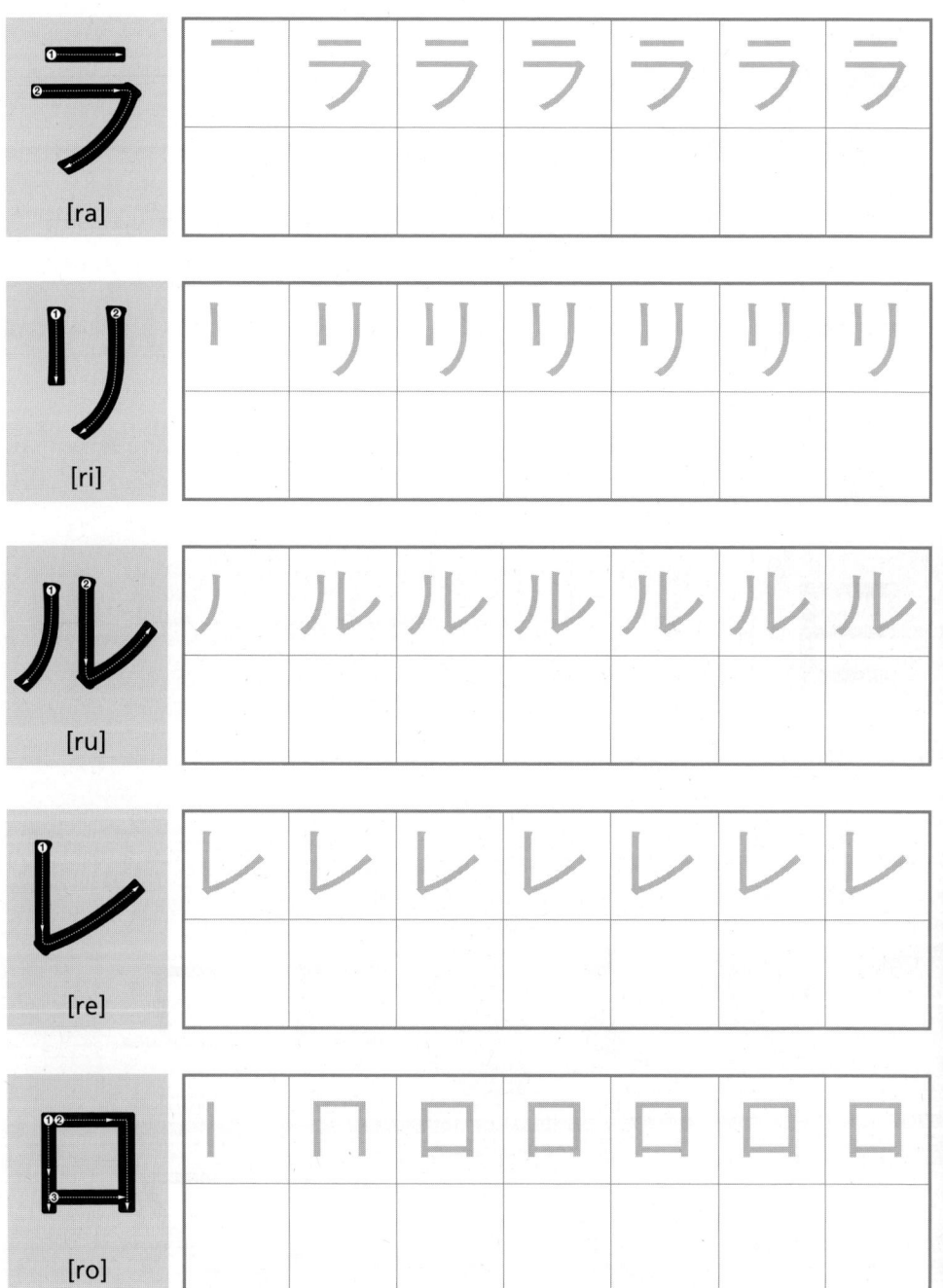

| ワ [wa] | ' | ワ | ワ | ワ | ワ | ワ | ワ |
|---|---|---|---|---|---|---|---|
| | | | | | | | |

| ヲ [wo] | ー | ＝ | ヲ | ヲ | ヲ | ヲ | ヲ |
|---|---|---|---|---|---|---|---|
| | | | | | | | |

| ン [n] | ` | ン | ン | ン | ン | ン | ン |
|---|---|---|---|---|---|---|---|
| | | | | | | | |

## 혼동하기 쉬운 글자 4

*다음 글자들은 모양이 비슷해서 혼동하기 쉬우므로 잘 익혀 두자.

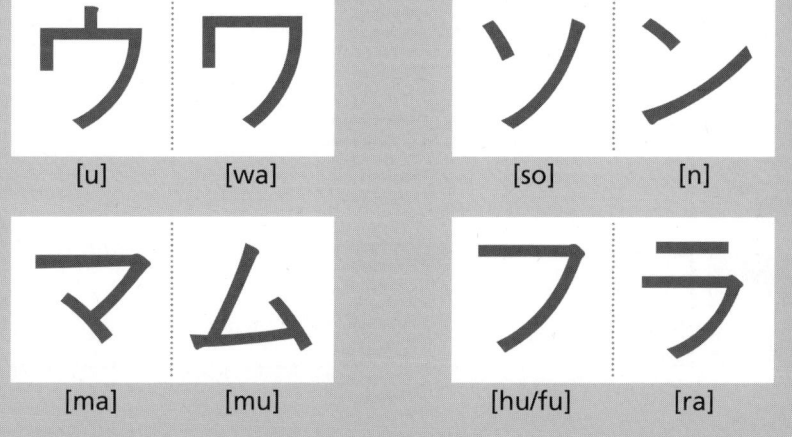

| ウ [u] | ワ [wa] | ソ [so] | ン [n] |
| マ [ma] | ム [mu] | フ [hu/fu] | ラ [ra] |

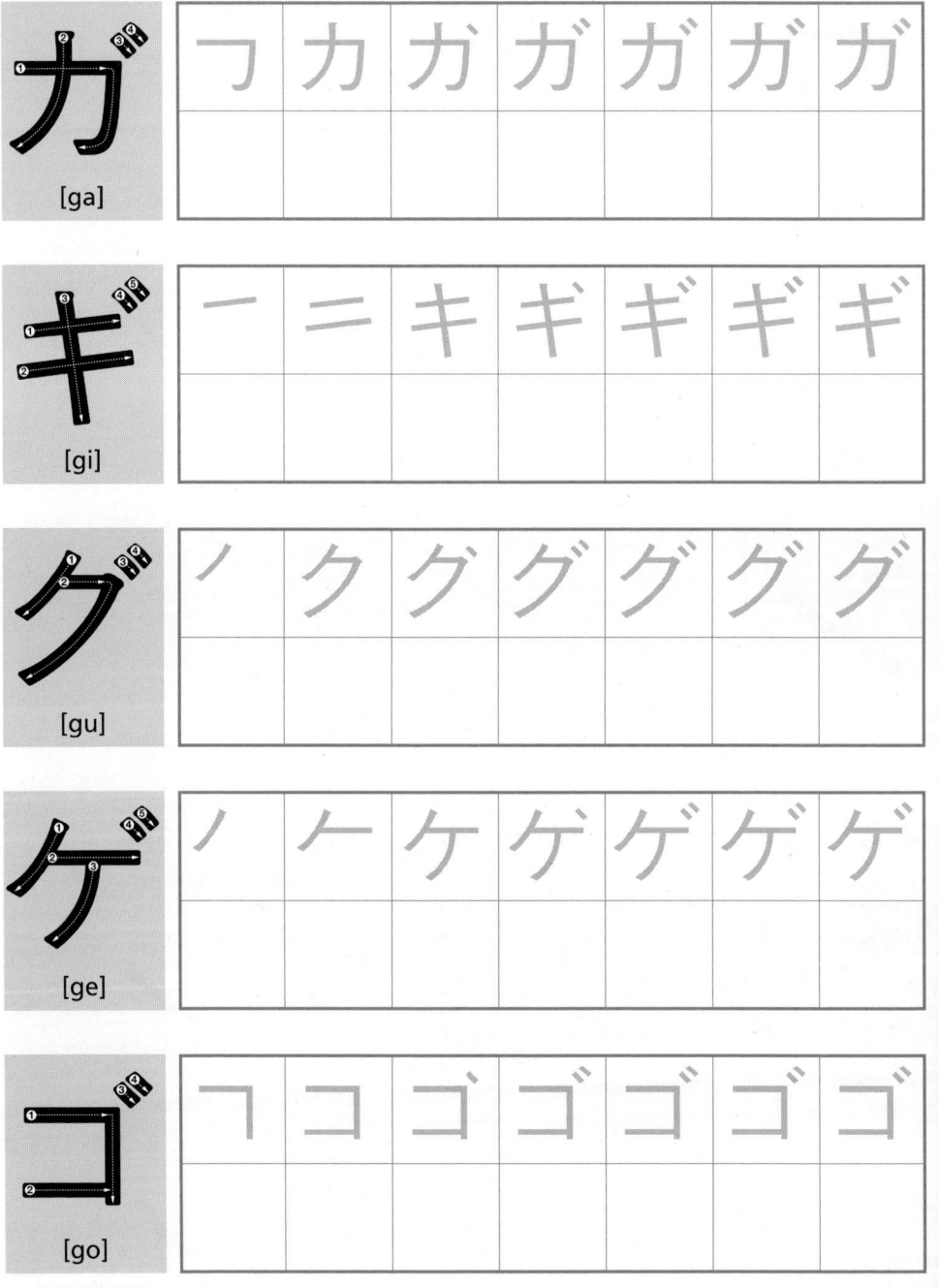

| ガ<br>[ga] | フ | カ | ガ | ガ | ガ | ガ | ガ |
| | | | | | | | |
| ギ<br>[gi] | 一 | 二 | キ | ギ | ギ | ギ | ギ |
| | | | | | | | |
| グ<br>[gu] | ノ | ク | グ | グ | グ | グ | グ |
| | | | | | | | |
| ゲ<br>[ge] | ノ | ヒ | ケ | ゲ | ゲ | ゲ | ゲ |
| | | | | | | | |
| ゴ<br>[go] | フ | コ | ゴ | ゴ | ゴ | ゴ | ゴ |
| | | | | | | | |

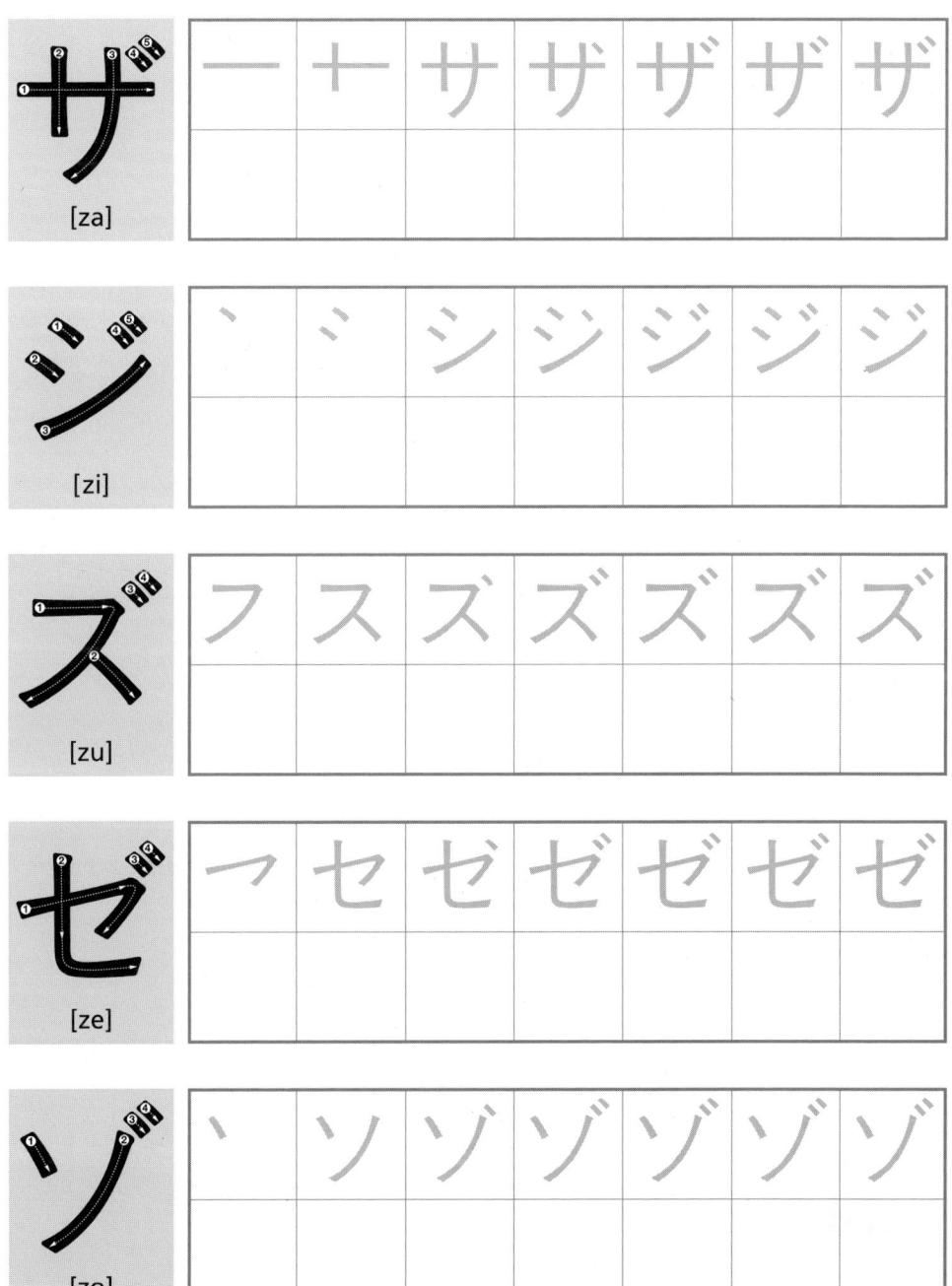

ザ [za]

ジ [zi]

ズ [zu]

ゼ [ze]

ゾ [zo]

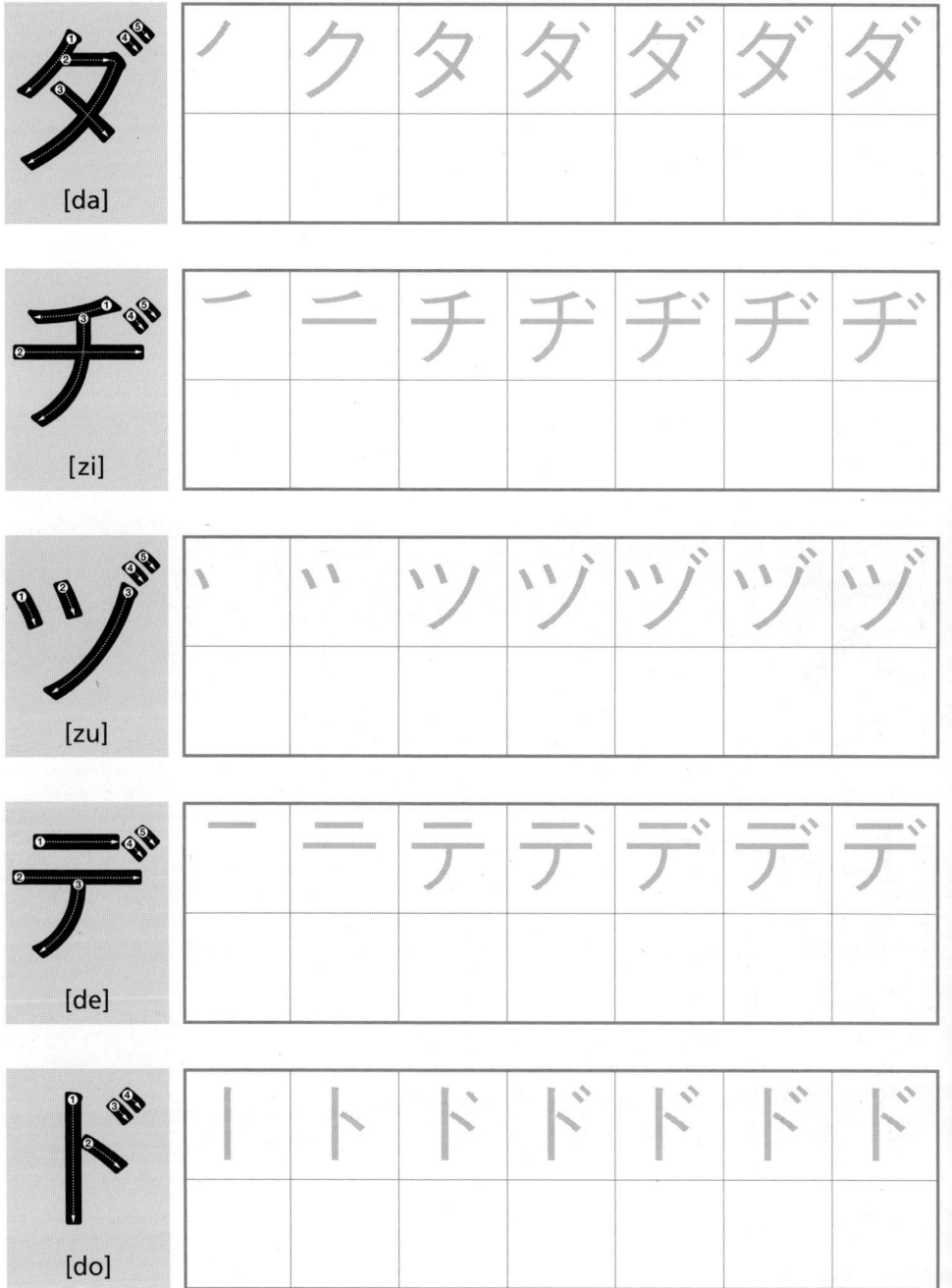

ダ
[da]

チ
[zi]

ヅ
[zu]

デ
[de]

ド
[do]

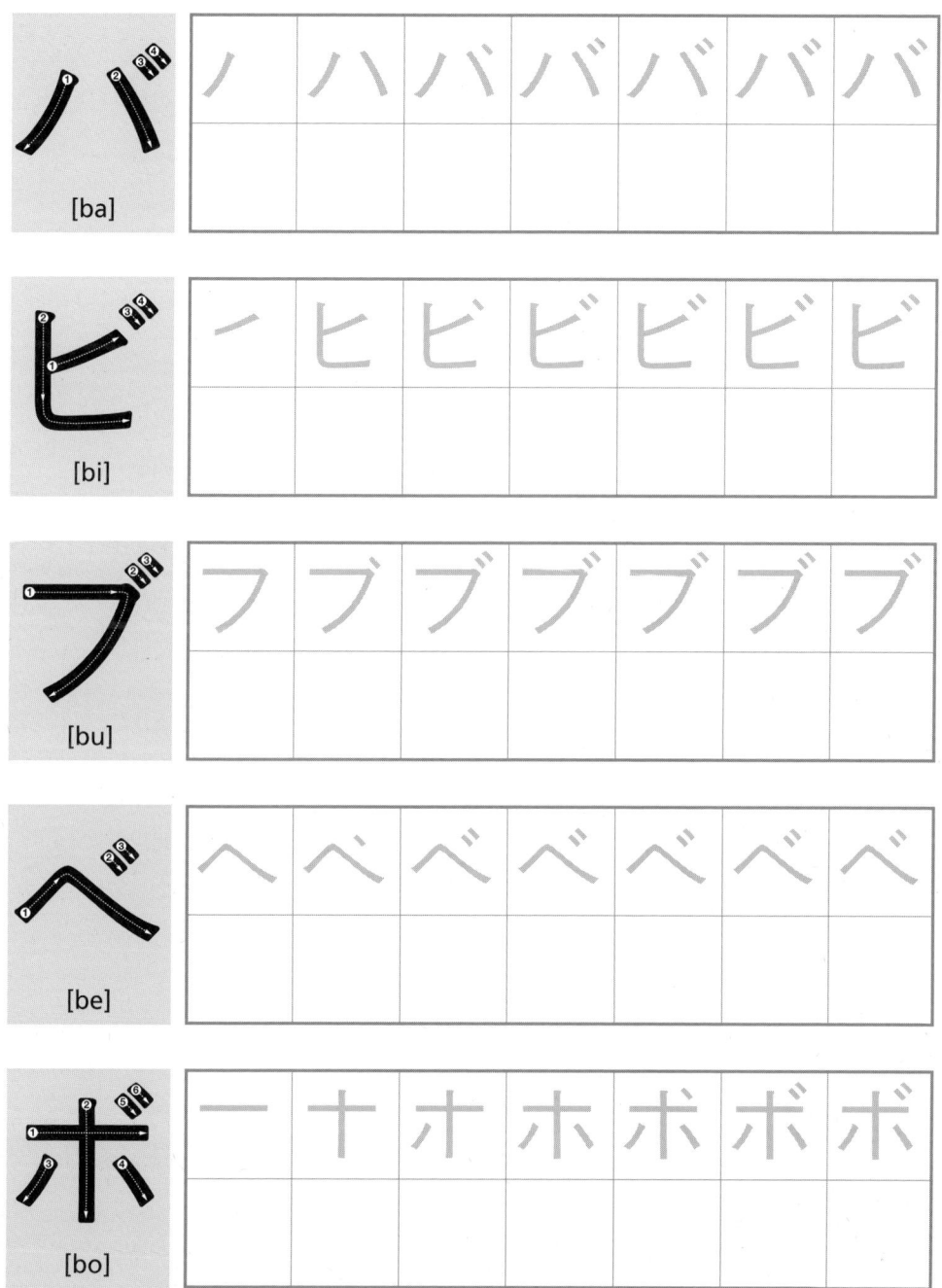

[ba]

[bi]

[bu]

[be]

[bo]

41

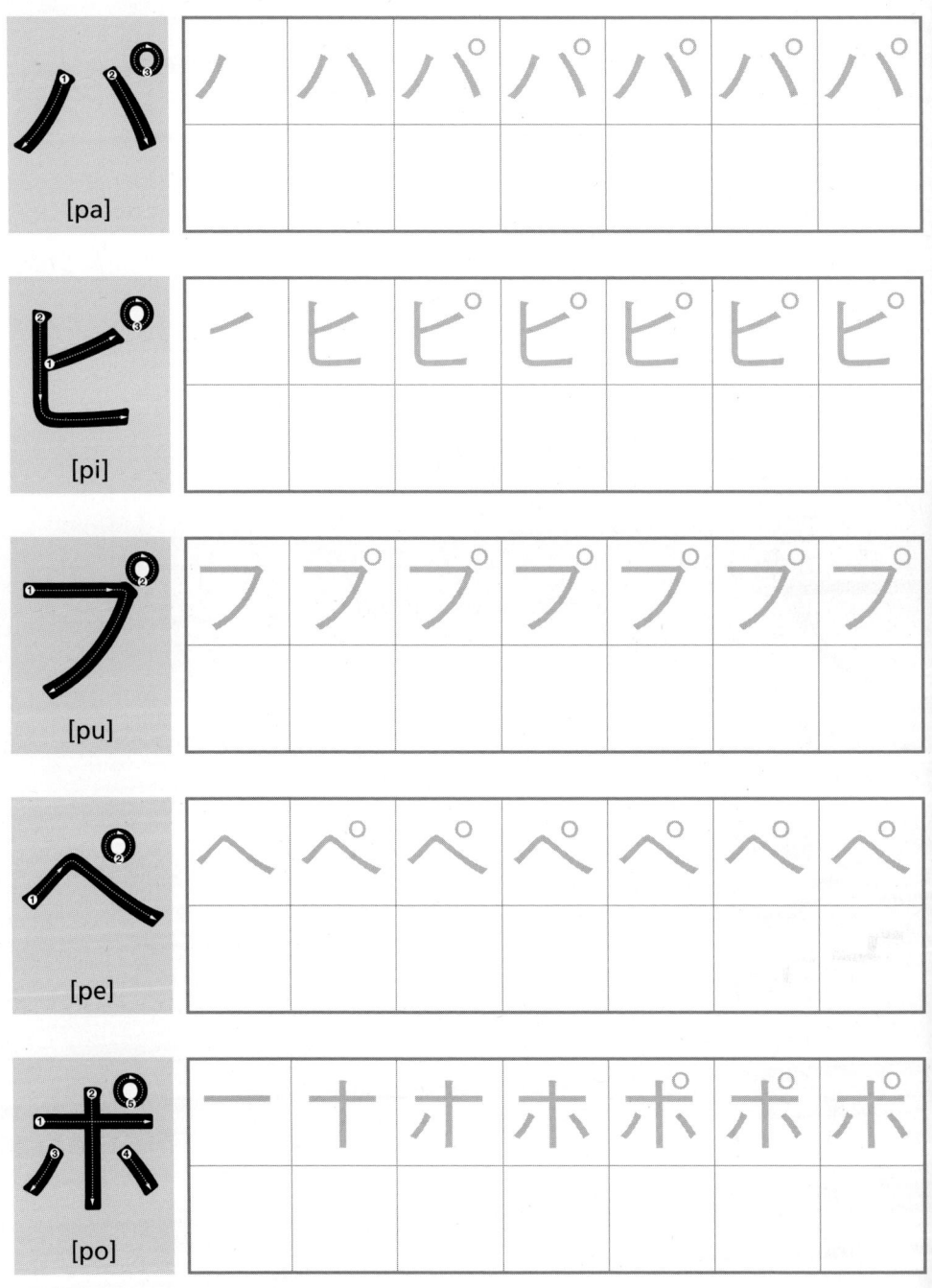

[pa]

[pi]

[pu]

[pe]

[po]

# キャ
[kya]

| キャ | キャ | キャ | キャ | キャ | キャ | キャ |
|---|---|---|---|---|---|---|
| | | | | | | |

# キュ
[kyu]

| キュ | キュ | キュ | キュ | キュ | キュ | キュ |
|---|---|---|---|---|---|---|
| | | | | | | |

# キョ
[kyo]

| キョ | キョ | キョ | キョ | キョ | キョ | キョ |
|---|---|---|---|---|---|---|
| | | | | | | |

# ギャ
[gya]

| ギャ | ギャ | ギャ | ギャ | ギャ | ギャ | ギャ |
|---|---|---|---|---|---|---|
| | | | | | | |

# ギュ
[gyu]

| ギュ | ギュ | ギュ | ギュ | ギュ | ギュ | ギュ |
|---|---|---|---|---|---|---|
| | | | | | | |

# ギョ
[gyo]

| ギョ | ギョ | ギョ | ギョ | ギョ | ギョ | ギョ |
|---|---|---|---|---|---|---|
| | | | | | | |

| シャ<br>[sha] | シャ | シャ | シャ | シャ | シャ | シャ | シャ |
| --- | --- | --- | --- | --- | --- | --- | --- |
| | | | | | | | |

| シュ<br>[shu] | シュ | シュ | シュ | シュ | シュ | シュ | シュ |
| --- | --- | --- | --- | --- | --- | --- | --- |
| | | | | | | | |

| ショ<br>[sho] | ショ | ショ | ショ | ショ | ショ | ショ | ショ |
| --- | --- | --- | --- | --- | --- | --- | --- |
| | | | | | | | |

| ジャ<br>[zya] | ジャ | ジャ | ジャ | ジャ | ジャ | ジャ | ジャ |
| --- | --- | --- | --- | --- | --- | --- | --- |
| | | | | | | | |

| ジュ<br>[zyu] | ジュ | ジュ | ジュ | ジュ | ジュ | ジュ | ジュ |
| --- | --- | --- | --- | --- | --- | --- | --- |
| | | | | | | | |

| ジョ<br>[zyo] | ジョ | ジョ | ジョ | ジョ | ジョ | ジョ | ジョ |
| --- | --- | --- | --- | --- | --- | --- | --- |
| | | | | | | | |

| チャ [cha] | チャ | チャ | チャ | チャ | チャ | チャ | チャ |
|---|---|---|---|---|---|---|---|
| | | | | | | | |

| チュ [chu] | チュ | チュ | チュ | チュ | チュ | チュ | チュ |
|---|---|---|---|---|---|---|---|
| | | | | | | | |

| チョ [cho] | チョ | チョ | チョ | チョ | チョ | チョ | チョ |
|---|---|---|---|---|---|---|---|
| | | | | | | | |

| ニャ [nya] | ニャ | ニャ | ニャ | ニャ | ニャ | ニャ | ニャ |
|---|---|---|---|---|---|---|---|
| | | | | | | | |

| ニュ [nyu] | ニュ | ニュ | ニュ | ニュ | ニュ | ニュ | ニュ |
|---|---|---|---|---|---|---|---|
| | | | | | | | |

| ニョ [nyo] | ニョ | ニョ | ニョ | ニョ | ニョ | ニョ | ニョ |
|---|---|---|---|---|---|---|---|
| | | | | | | | |

| ヒャ<br>[hya] | ヒャ | ヒャ | ヒャ | ヒャ | ヒャ | ヒャ | ヒャ |
|---|---|---|---|---|---|---|---|
| | | | | | | | |

| ヒュ<br>[hyu] | ヒュ | ヒュ | ヒュ | ヒュ | ヒュ | ヒュ | ヒュ |
|---|---|---|---|---|---|---|---|
| | | | | | | | |

| ヒョ<br>[hyo] | ヒョ | ヒョ | ヒョ | ヒョ | ヒョ | ヒョ | ヒョ |
|---|---|---|---|---|---|---|---|
| | | | | | | | |

| ビャ<br>[bya] | ビャ | ビャ | ビャ | ビャ | ビャ | ビャ | ビャ |
|---|---|---|---|---|---|---|---|
| | | | | | | | |

| ビュ<br>[byu] | ビュ | ビュ | ビュ | ビュ | ビュ | ビュ | ビュ |
|---|---|---|---|---|---|---|---|
| | | | | | | | |

| ビョ<br>[byo] | ビョ | ビョ | ビョ | ビョ | ビョ | ビョ | ビョ |
|---|---|---|---|---|---|---|---|
| | | | | | | | |

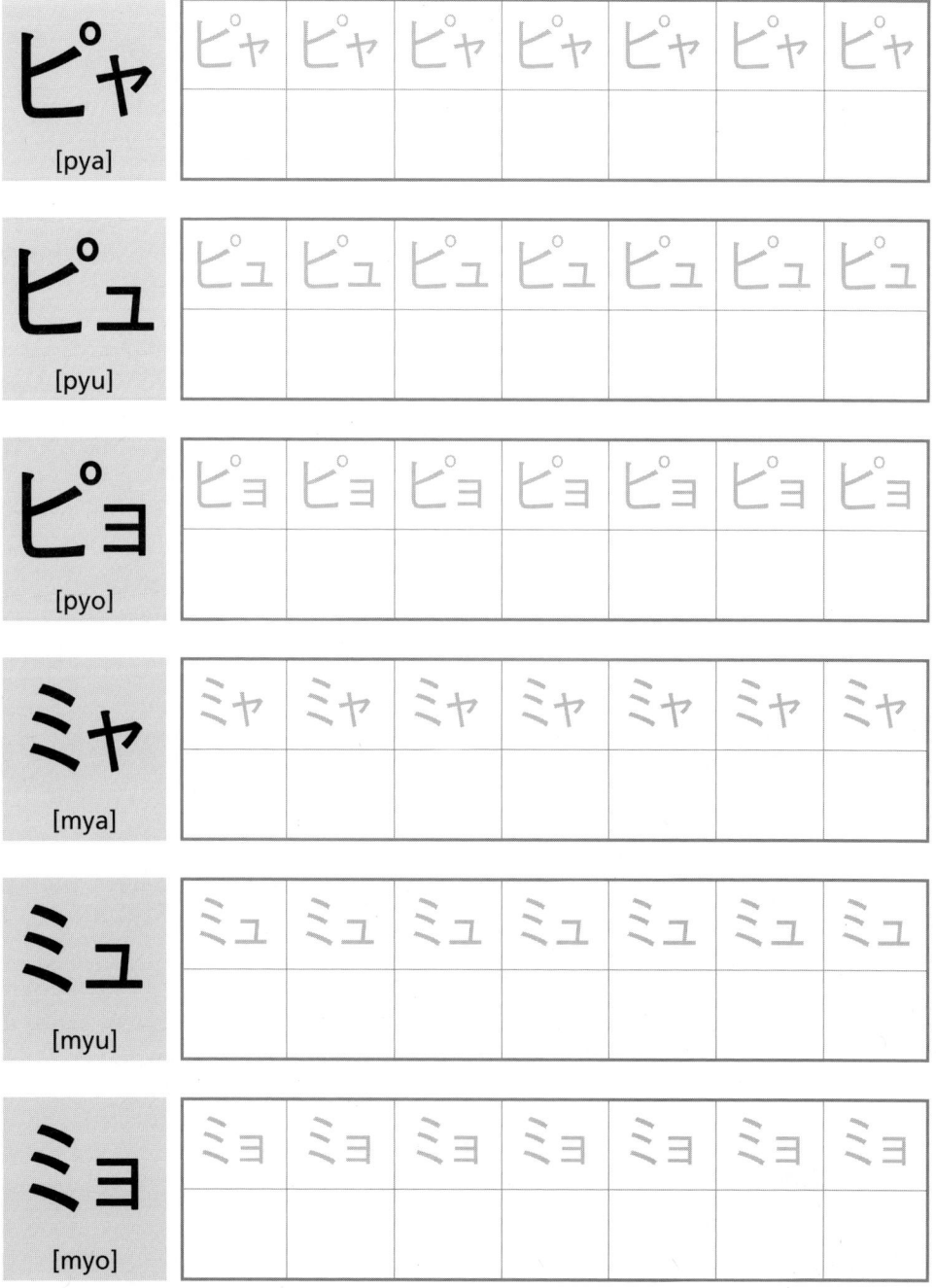

| ピャ [pya] | ピャ | ピャ | ピャ | ピャ | ピャ | ピャ | ピャ |
|---|---|---|---|---|---|---|---|
| ピュ [pyu] | ピュ | ピュ | ピュ | ピュ | ピュ | ピュ | ピュ |
| ピョ [pyo] | ピョ | ピョ | ピョ | ピョ | ピョ | ピョ | ピョ |
| ミャ [mya] | ミャ | ミャ | ミャ | ミャ | ミャ | ミャ | ミャ |
| ミュ [myu] | ミュ | ミュ | ミュ | ミュ | ミュ | ミュ | ミュ |
| ミョ [myo] | ミョ | ミョ | ミョ | ミョ | ミョ | ミョ | ミョ |

| リャ | リャ | リャ | リャ | リャ | リャ | リャ | リャ |
|------|------|------|------|------|------|------|------|
| [rya] | | | | | | | |

| リュ | リュ | リュ | リュ | リュ | リュ | リュ | リュ |
|------|------|------|------|------|------|------|------|
| [ryu] | | | | | | | |

| リョ | リョ | リョ | リョ | リョ | リョ | リョ | リョ |
|------|------|------|------|------|------|------|------|
| [ryo] | | | | | | | |